ESTHER MAZEL

FRÉDÉRIQUE HÉBRARD

ESTHER MAZEL

Plon

ISBN : 2-266-11584-7

À la mémoire des Justes

« Les cèdres du Liban, les roses de Saron, étaient les arbres de nos montagnes, les fleurs d'églantines de nos vallées et, même avant de les avoir vus de mes yeux, je les avais découverts dans les images des Écritures. »

André CHAMSON

Le Chiffre de nos jours

La Combe des Septante

J'ai poussé la porte du Temple et le psaume de David m'a entourée comme une lumière.

Devant moi, sous les bras ouverts d'un pasteur que je ne connaissais pas, mon frère reposait dans sa robe de châtaignier.

J'ai avancé le long de l'allée de pierre, dans l'odeur retrouvée des bancs de cèdre, escortée des regards de tous ces gens qui m'avaient vue grandir, autrefois... mais peut-être était-ce les regards de leurs enfants ?

J'arrivais du bout du monde parce que Jean était mort.

– Nous sommes réunis pour dire adieu à notre frère Jean que Dieu reçoit aujourd'hui dans sa gloire et dans sa paix. Nous nous associons tous à la peine de sa sœur Esther...

Esther, c'est moi.

À pied, sur la longue échine de la montagne, là où l'eau du ciel choisit le versant méditerranéen ou le versant atlantique, ils m'ont accompagnée jusqu'à notre cimetière. C'est là que reposent les miens. Un arbre sombre signale les tombes. Il veille sur nos morts et rappelle le temps où les Mazel n'avaient pas le droit de s'endormir en terre chrétienne. Huguenots. Camisards. Religionnaires.

Au moment de l'ensevelissement j'ai détourné la tête pour ne pas lire les noms gravés sur la pierre. Ne pas s'effondrer. Rester debout. Je sentais la foule muette qui m'entourait respirer au rythme de ma douleur. Mais je la sentais aussi attentive. Je suis une légende. Je n'ai pas droit à l'erreur. Même dans l'épreuve. Je n'ai pas pu serrer les mains. J'ai murmuré quelque chose d'informe au pasteur et je suis partie vers le Mazel, sur l'herbe rase et élastique que je n'avais pas foulée depuis si longtemps.

J'avais envie de silence et pourtant, quand j'ai vu que certains me suivaient timidement, je leur ai fait signe de me rejoindre. Dans nos montagnes on ne laisse personne seul dans son deuil. Une femme a glissé son bras sous le mien, je ne savais pas qui c'était mais je me suis appuyée sur elle.

Au sommet de la dernière montée je me suis arrêtée et tous se sont arrêtés avec moi. C'est de là qu'on découvre la maison posée comme sur la paume d'une main.

Le Mazel. Tel que je l'ai toujours connu, tel qu'il devait être il y a plus de trois siècles. *L'oustau negre**.

Sur le seuil je les ai vus prendre la grosse clef sous la pierre plate, j'ai entendu le bruit de la porte s'ouvrant sur le noir... quelqu'un a allumé... Ils avaient voilé le miroir, ils avaient arrêté le battant de l'horloge. Mais la parole *Veillez et priez car vous ne savez ni le jour ni l'heure* était toujours à la même place sur le mur, près de la croix huguenote taillée dans le bois.

Ils m'ont fait asseoir à la grande table... Je les

* La maison sombre.

regarde. Gestes antiques. Une femme verse l'eau sur le café, un homme ranime le feu dans l'âtre... Oh ! le feu de berger qui ne s'éteint jamais, même au plus fort des chaleurs de l'été... Les grosses tasses de colporteur dans lesquelles Mémé me faisait boire ses philtres se posent sur le bois de la table. Le sucre.

– Si tu as besoin de quelque chose, Esther...

Besoin de quelque chose ?

Ils doivent se demander pourquoi mon mari ne m'accompagne pas. C'est que Paul ne m'aime plus, mes amis. Vous ne le verrez pas. Tout est fini entre nous. Il est parti.

– Tu dois manger, Esther, dit une vieille qui a l'air de bien me connaître.

Quelqu'un coupe du pain, quelqu'un pousse vers moi un pot de fricandeau... murmures étouffés : « Non, pas de fricandeau ! Non, pas à Esther ! » On me regarde, je les sens gênés, malheureux, des mains se tendent pour écarter de moi le pot de fricandeau mais je suis plus vive qu'elles, je saisis le pot, et, dans le silence, lentement, pieusement, j'étale le gras et le maigre de porc sur le pain et je mange, seule, sous leurs regards.

Esther, c'est moi.

Quand ma mère m'a confiée, si petite, à Abraham, à la veille du printemps 41, elle lui a dit : « Je te la laisse... ne crains pas de lui faire manger du cochon, mais qu'elle n'oublie jamais qu'elle est juive. »

Je venais d'avoir cinq ans quand l'officier allemand poussa la porte du Mazel.

Je sais lire, je sais écrire et compter, je sais beaucoup de choses. Ce que je ne sais pas encore, c'est qui je suis.

L'officier entre. Poli, il salue. Puis il regarde autour de lui en plissant les yeux. Il vient de la lumière du beau jour d'été, dedans il fait sombre, il faut s'habituer. Peu à peu il distingue une petite fille assise à la grande table, en train de manger une tartine de fricandeau. Il s'approche :

– Quel bon goûter !

Il a parlé en français. Il se penche et caresse mes cheveux :

– Belle petite huguenote !

Je lui souris. Il me rend mon sourire et répète : « Quel bon goûter ! » au moment même où l'horloge de parquet sonne la demie de deux heures.

Drôle d'heure pour le goûter... Temps arrêté. Abraham est immobile sous la parole *Veillez et priez...*, les deux hommes se regardent en silence, l'officier se tourne lentement vers la cheminée, vers la lourde dalle du foyer... pétrifié comme si l'Ange du Seigneur venait de lui apparaître.

Après, il y a eu du bruit dehors, des cris, des ordres, des soldats sont entrés en hurlant des mots que je ne comprenais pas, j'avais peur. Ils cherchaient quelque chose... ou quelqu'un et donnaient des coups de botte à la table, mais l'officier a crié plus fort qu'eux et les a fait sortir. Puis il a salué, très raide, et, lui aussi, il est parti.

C'est seulement quand on n'a plus entendu le bruit des moteurs que la vie a repris. Les femmes sont venues nous rejoindre. Elles pleuraient. Elles me serraient dans leurs bras, ma petite, ma petite... mais Abraham leur a dit que le temps était venu de remercier l'Éternel et, pour la première fois, je les ai vues prier.

– Sois béni, Seigneur Dieu notre Père, Toi qui viens d'écarter la foudre de cette maison et de cette enfant...

Je trouvais ça très beau mais je venais de comprendre que *cette enfant* qui était moi était capable d'attirer la foudre sur ceux qui l'aimaient, et je me demandais pourquoi.

Les voisins sont tous partis. Mais je ne suis pas seule. Le chien est avec moi.

– Le chien de Jean, m'ont-ils dit.

Il ressemble à tous les chiens que j'ai connus dans mon enfance. Oreilles pendantes, plates, poil ras comme l'herbe des hauteurs, regard d'amour levé vers les humains. On est tous les deux devant le feu. Un très beau feu, une très belle flamme... Je pleure sans bruit. Mais rien n'échappe au chien, il pose sa tête triste sur mes genoux et pousse un long gémissement. Alors je sanglote et ça désole le chien. J'ai perdu mon frère, il a perdu son maître. On se comprend.

Je lui ai demandé s'il avait faim et je crois qu'il m'a dit que oui. J'ai ouvert plusieurs placards ; dans le troisième j'ai trouvé des boîtes pour lui, des croquettes, des biscuits. Il l'aimait son chien, mon frère. Pendant que la pauvre bête mangeait et buvait avec fracas et soulagement, je regardais autour de moi. Je me sentais ivre. De fatigue. De stupeur. De chagrin. *Crise cardiaque, il n'a pas eu le temps de souffrir...* Qu'est-ce qu'on en sait, Jean ? Tu n'es plus là pour nous le dire. La nuit où tu revins au Mazel après ton évasion du stalag, tu m'as soulevée dans tes bras. Tu étais si grand, j'étais si petite, vingt ans nous séparaient et ni toi ni moi ne savions encore qu'un jour, après des années d'enfer pour Abraham, la loi nous ferait frère et sœur.

Je regarde toujours autour de moi, je cherche quelque chose, mais quoi ? Quelque chose d'important, de fondamental, quelque chose d'essentiel qui essaie de capter mon attention, mais quoi ?

Qui a posé ma valise sur le sol ? Quand est-elle

arrivée ? Aucun souvenir. Je l'avais laissée devant le Temple, quelqu'un a dû la porter jusqu'ici.

La nuit était tombée mais je ne bougeais pas. Le chien avait repris sa place auprès de moi. Il dormait, confiant. Je ne savais pas son nom. Il portait le collier que j'avais toujours vu au cou de nos chiens, avec, sur le cuir gras de vieillesse, la plaque de cuivre MAZEL-ESPÉRIÈS.

L'horloge de parquet sonna dans le silence. Qui l'avait remise en marche ?

Il était huit heures du soir. Je calculai : huit heures du soir en France, cela faisait quatorze heures à New York, donc onze heures du matin en Californie dans *La Ferme des Parfums*.

Et soudain je sus ce qui voulait entrer en contact avec moi.

L'odeur.

Les odeurs. Celles du Mazel. Celles de la montagne. Celles des bêtes, des herbes, du torrent, de la neige neuve et du vent porteur de nouvelles...

Celle de Maman se retournant sur le seuil et me confiant à Abraham pour la vie.

Maman. Marion. Ma mère.

Rose et tubéreuse.

Tout ce que je sais d'elle me vient des autres. Elle n'a pas eu le temps de me transmettre ces brins de fil, de laine, de soie ou d'acier qui tissent les liens de la mémoire entre membres d'une même famille. Alors, avec la patience d'un archéologue réunissant les pièces brisées, éparses, que lui livre un tombeau, j'essaie depuis des années de la faire revivre, sachant qu'il manque trop de pièces à l'inventaire pour que je puisse donner d'elle autre chose qu'une image incomplète.

Ma seule certitude : rose et tubéreuse.

Ce parfum que j'ai tant de fois travaillé, laissé, repris, ce parfum que je n'ai jamais réussi à mener jusqu'à sa résurrection, qui s'est toujours dérobé à moi au moment où je croyais le saisir, comme si l'heure n'était pas encore venue de révéler au monde ce qu'elle m'a laissé en héritage le jour où elle m'embrassa pour la dernière fois. J'avais trois ans, sept mois et quatre jours.

Elle était drôle, Maman, tous ceux qui l'ont connue me l'ont dit. J'ai souvent ri au récit des propos qu'elle tenait. Même au camp, il paraît qu'elle les faisait rire... enfin, au début.

Un troupeau de chèvres...

Je me suis réveillée.

Des chèvres, en plein New York ?

Mais je ne suis pas à New York, je suis au Mazel, je suis en deuil et je suis seule.

Tout me revenait, sauf une chose : comment étais-je montée jusqu'à ma chambre ? Comment avais-je eu la force de me déshabiller, de me mettre au lit ? La lampe de chevet brûlait toujours. J'avais dormi dix heures. J'allai à la fenêtre, j'ouvris les volets sur le jour déjà levé. Gris. Pas trace de chèvres, pas même dans l'oreille, mais le chagrin, lui, était partout. Je le retrouvais dans chaque détail du paysage, je le sentais collé à ma peau. Sous la douche je me suis étrillée comme si je pouvais l'arracher de moi, mais il tenait bon, chagrin formidable capable de résister à tous les savons, à toutes les brosses, les mousses, les crèmes, les frictions, les lotions, à tous les parfums d'Arabie, à tout ce qui portait la signature Esther Mazel sur *cette ligne qui rend les femmes plus heureuses* comme le dit notre formule en dix-sept langues. Eh bien ! j'ai testé pour vous et je peux vous dire que c'est faux.

J'ai rangé mes affaires, choisi un jogging dans l'armoire de ma chambre : un vrai trousseau de jeune mariée, il faudra donner tout ça...

Mon Dieu, j'avais oublié le chien ! On a déjeuné ensemble, lui d'un *Délice de foies de volailles ouah ! ouah !*, moi d'un reste de pain, devant le feu qui était reparti docilement. Deux perspectives inévitables m'accablaient : téléphoner à New York et faire le tour de la maison. J'étais déjà debout, ne sachant par quelle corvée j'allais commencer, quand on a frappé à la porte. J'ai ouvert de très mauvaise humeur, je n'avais envie de parler à personne et j'avais bien l'intention de le faire savoir aux importuns.

Un très jeune homme souriait sur le seuil, la main tendue, un gros sac en papier sous un bras.

Je n'ai pas pris la main, je n'ai pas rendu le sourire.

– Bonjour, Madame Mazel, je vois que vous ne me reconnaissez pas... pasteur Jérôme Béranger.

Ah ! non, ça, je ne le reconnaissais pas ! La veille, à travers mes larmes, j'avais bien vu qu'il était jeune, mais à ce point, non !

Il entra derrière moi en caressant la tête du chien dont la convivialité rachetait un peu la grossièreté de mon accueil.

– Quelques œufs, du pain, du lait et des pommes, dit-il en posant le sac de papier sur la table. Ma femme a préparé ça pour vous.

– Votre femme ? Vous êtes déjà marié ? Vous avez l'air d'avoir seize ans !

Il a ri.

– J'en ai eu trente et un la semaine dernière. Et nous avons déjà trois enfants.

– Asseyez-vous, monsieur le... – mais ça m'agaçait de l'appeler monsieur le pasteur, ce petit ! Asseyez-vous, Jérôme... je peux me permettre de vous appeler comme ça, je pourrais être votre mère !

– Impossible, dit-il courtoisement. Vous avez eu quarante-quatre ans le 9 septembre.

Je m'assieds, souffle coupé.

– Votre frère était un très grand ami, m'explique-t-il.

Il était soudain redevenu grave comme la veille, dans le Temple.

– Je l'ai beaucoup vu ces derniers temps. Depuis qu'il a quitté Nîmes pour s'installer ici. Après...

Il ne précise pas après quoi, il a raison, je sais de quoi il parle.

– Je l'avais eu comme professeur en terminale, à Nîmes, ce n'est pas à vous que j'apprendrai quel maître il était. Implacable, ajoute-t-il avec tendresse.

Implacable, nous parlons bien du même.

– Il a été déterminant dans le choix de ma vocation.

Jean ? Ce libre-penseur, ce protestant sociologique, ce camisard qui n'avait plus que la Mémoire comme Foi ?

– Oui, dit-il. Totalement détaché de la Religion, mais avec une telle approche de l'Essentiel.

Exact, nous parlons bien du même, il nous a marqués de sa griffe comme il a marqué des générations d'élèves, et nous pourrions dire ensemble les vers qu'il aimait, les pages de Proust et de Balzac qu'il écoutait avec une joie toujours neuve, jamais lassée. Oh ! mon frère...

– Je n'ai pas connu Abraham Mazel, hélas ! et je le regretterai toujours. Mais Jean m'en a tellement parlé que, parfois, j'ai l'impression de l'avoir rencontré, ce Cévenol qui vous a appris à lire dans l'Ancien Testament !

C'est vrai, chaque jour Abraham me prenait sur ses genoux et m'en lisait un passage. Nous avions commencé par la Genèse – évidemment –, l'Arbre de la connaissance, le Serpent, Caïn et son frère, l'Arche, l'Arc-en-ciel... C'est dans l'Exode que, pour la première fois, je rencontrai la myrrhe franche, le cinnamome aromatique, le galbanum odoriférant, l'encens... : *Tu y mettras du sel afin d'en faire un oignement pur et sain.* Abraham s'était arrêté dans sa lecture pour essuyer ses lunettes, alors ma petite voix avait continué à sa place : *tra-vail-de-par-fu-meur...*

Je savais lire.

– Vous veniez d'avoir quatre ans ! *Travail de parfumeur* ! Déchiffrer son destin dans la Bible comme une prophétie ! Vous savez qu'on raconte cette histoire aux petits enfants dans les fermes ? *Travaille comme Esther, Esther qui a appris à lire dans la Bible !* Vous êtes une légende.

Ça y est. Il l'a dit.

– Personne n'oublie que si beaucoup de gens peuvent encore vivre ici, c'est bien grâce à votre *travail de parfumeur*.

– Et moi je n'ai jamais oublié que c'est grâce aux gens de ce pays que je suis encore en vie. Supposez que les Mazel n'aient pas voulu m'adopter... me cacher...

– Supposition impossible, dit-il, tranquille. *Tu te souviendras qu'en Égypte tu étais esclave et que le Seigneur ton Dieu t'a racheté de là.*

– Deutéronome XXIV, 18.

– Vous êtes bien comme Jean me l'avait dit ! J'avais un peu peur...

Il s'interrompt, gêné.

– À cause de tout l'argent que je représente ? C'est normal, j'ai l'habitude. La peur est passée ?

– Je ne peux plus avoir peur de la sœur de Jean maintenant que je la connais. Vous vous ressemblez tant !

Je l'ai regardé droit dans les yeux :

– C'est vrai. Moi non plus je ne crois pas en Dieu, monsieur le pasteur.

– Je sais, a-t-il répondu comme si cette information le laissait totalement indifférent.

Il s'est levé et m'a dit que sa femme et lui seraient très heureux de me recevoir au presbytère pour un repas.

– Je ne sais pas si vous comptez rester longtemps...

Je ne le savais pas non plus.

– Vous devez être fatiguée. Vous êtes venue directement de New York à Marseille, ou bien vous êtes passée par Paris ?

– Je suis venue par Paris, puis Marseille, mais je ne venais pas de New York, j'arrivais d'une petite île de la mer de Chine. C'était compliqué comme voyage, c'est pour ça que j'ai failli manquer la cérémonie.

– *Travail de parfumeur ?*

Je hoche la tête. Je ne réponds pas. Je voudrais tant, jeune pasteur, que ce séjour à Tchong-Cha ait été motivé par l'étude.

Je le raccompagne jusqu'à la porte, je le remercie, pour sa visite, pour son invitation, pour les présents de sa femme...

– Mon Dieu ! s'écrie-t-il, j'allais oublier ! Fabienne ne me l'aurait jamais pardonné ! Le chien ! Nous pouvons très bien le prendre à la maison s'il vous gêne.

J'ai répondu : « Non ! » avec une violence qui m'a surprise. Non ! il ne me gênait pas. Non ! il me tenait compagnie. Non ! Jean l'avait aimé...

– Je comprends, Madame Mazel, je comprends.

Cette fois on s'est serré la main.

Je l'ai regardé partir. Quelle silhouette de gamin ! Puis, comme il s'éloignait, j'ai couru derrière lui sur l'herbe rase, en criant :

– Le chien ! Le chien !

Il s'est retourné. Il devait penser que j'avais changé d'avis.

– Le chien ? a-t-il répété.

– Je ne sais pas son nom.

Il a ri, et il a crié à son tour :

– Il s'appelle Berger !

– Berger ! Berger !

Plus de chien. Peut-être avait-il entendu la proposition du pasteur, peut-être m'avait-il préféré Fabienne, le presbytère et les trois enfants ? Dommage... j'allais lentement vers la porte quand il déboula comme un fou de derrière les anciennes resserres.

– Berger !

Il semblait plein de joie de répondre à son nom et je reçus cette joie comme un cadeau. Il s'était assis devant moi, langue pendante, œil vif, queue battant le sol. En attente.

– On commence par quoi, mon chien ? On fait le tour de la maison, ou on téléphone à New York ?

– Non, dit-il, on va promener.

C'était une excellente idée. D'autant plus qu'on avait pensé à la même promenade. La Combe des Septante.

Derniers jours d'avril. Dans les vallées les pommiers étaient en fleur, mais, à l'altitude, avril c'est encore l'hiver, et si, sur les étendues rases, l'herbe mouillée par la neige commençait à sécher sous la morsure du vent, il y avait encore des congères à l'abri des hêtres et des sapins, et parfois on rencontrait même une flaque de cristal au fond d'un trou d'ombre.

La Combe des Septante. Une vue superbe sur un éventail de vallées. Pas aujourd'hui. On ne voit pas à vingt mètres. Le brouillard. Mais la Cévenne, c'est comme le vélo, ça ne s'oublie pas. Je sais ce qui se cache à mes yeux et puis, chut, le chien ! Écoute ! Tu entends ? Bruit de la cascade au-dessous de nous... bruit intermittent, brutal ou léger, qui, parfois, laisse percevoir le chant régulier du torrent qui coule au fond du précipice beaucoup plus bas que la grotte, plus loin que la sortie du souterrain.

J'ai fermé les yeux, j'ai ouvert les bras et, pour le chien, j'ai récité le paysage invisible :

– Au levant, de l'autre côté de la vallée, la route des crêtes, plus loin au col de Gabriès, passe la grande draille des troupeaux, sur la montagne du Fagès il y a encore une de ces tours de feu qui autrefois portaient les nouvelles de brasier en brasier, on dit qu'il leur fallait à peine quelques heures pour monter de la mer jusqu'à Florac. Par les serres et les valats il y a des villages morts de solitude, des fermes où la fougère aigle pousse là où jadis on contait à la veillée, il y a des écoles fermées, des toits crevés de misère, mais il y a aussi des gens qui se battent pour vivre, des gens qui ne sont pas partis, des gens qui sont revenus et qui font pousser des arbres. Face à nous, quand il fait très clair – et quand on a beaucoup d'imagination –, on peut voir la mer. À l'ouest il y a l'amas des rochers de Blave, les landes de bruyère et les hêtraies qui montent au-dessus de Cabrillac et, très haut, très loin, dominant son royaume, face à la foudre, aux vents et aux tempêtes, l'Aigoual.

J'ai ouvert les yeux et tout ce que j'avais annoncé était là. Le brouillard avait disparu comme un voile retiré par une main géante, seuls demeuraient des lambeaux de brume, accrochés à un sommet, tombés dans un creux, dérisoires, et il était là, mon pays bien-aimé, ouvert devant moi comme le Livre dans lequel Abraham m'avait appris à lire.

Abraham.

Papa. Mon papa, toi qui ne m'as point engendrée mais qui m'as quand même donné la vie, je te remercie d'avoir existé.

Depuis la lisière du bois j'entendais le téléphone sonner dans le silence de la montagne.

« Tu peux sonner, je m'en fous ! », je marchais sans me hâter puis j'ai pensé que c'était peut-être Paul qui appelait et j'ai couru. Trop tard. Quand je suis arrivée la sonnerie s'était tue depuis longtemps. À bout de souffle je cherchai l'appareil des yeux... Bien caché dans le renfoncement de l'évier de grès, je ne l'aurais pas vu si une petite lumière rouge n'avait attiré mon regard.

Un répondeur au Mazel ! On aura tout vu ! je m'esclaffe en me souvenant que c'est moi qui ai fait équiper la vieille maison comme une station spatiale. Beau travail qui m'a bluffée moi-même. J'avais tout oublié !

Ce n'était pas Paul. C'était Aaron qui s'affolait de ne pas avoir de nouvelles.

– Esther ! Je sais que tu ne voulais pas qu'on t'appelle ! Mais je suis vraiment contrarié de te savoir seule ! Es-tu bien arrivée ? Je m'inquiète, tu es une femme trop en vue... tu prends des risques ! Rassure-moi, mon petit !

Bon. Il va falloir que je lui téléphone sinon il va alerter le F.B.I., le Quai d'Orsay, Interpol, et je vais me retrouver avec des gardes du corps sous la panetière.

J'ai fait son numéro. Il a répondu aussi vite qu'un père qui attend qu'on lui fixe le rendez-vous pour livrer la rançon de son enfant. Je l'ai rassuré, enfin, j'ai essayé.

– Ne t'inquiète pas, je ne risque rien, je ne suis pas seule, j'ai un chien !

– Un quoi ?

– Un chien ! Ça a quatre pattes, une tête, une queue, ça aboie et ça mord !

– Il t'a mordue ?

J'ai failli rire. Cher vieil Aaron qui m'aime tant... suis-je digne de tous ces gens qui veillent sur moi ?

– Esther ?

– Oui ?

– Je ne t'entendais plus, tu vas bien ?

– Non.

– Tu es malade ?

– Non. J'ai besoin d'un peu de silence. J'ai besoin de réfléchir.

– Qu'est-ce que je fais pour le courrier ?

– Tu le lis.

– Et qu'est-ce que je dis ?

– À qui ?

– À tous les gens qui peuvent poser des questions. Il y a près de dix jours que tu es partie pour Tchong-Cha sans l'annoncer à personne.

– Fais comme si j'y étais toujours, et dis qu'on ne peut pas me joindre.

Il a soupiré au bout du fil.

– Bon. Je te téléphonerai deux fois par jour.

– Une fois. Par semaine.

– Esther !

– Une fois par jour, d'accord. Je t'aime beaucoup, Aaron.

– Moi aussi.

C'est vrai que je l'aime beaucoup ce vieux monsieur new-yorkais, mais je ne peux pas tout lui dire. Il ne s'agit plus d'affaires, *lawyer* ! Il ne s'agit ni d'actions, ni du lancement d'une ligne, ni d'avocats, ni de marchés.

Il s'agit de moi.

Il a dit encore :

– Et si jamais Paul...

– Tu laisses Paul où il est !

J'ai raccroché. Honteuse. Déchirée.

Pardon, Aaron, pardon. Il faut que tu comprennes. Personne ne peut rien pour moi. J'ai besoin de tout reprendre par le début, j'ai besoin de « trouver l'erreur ». Les erreurs. Elles ne manquent pas. Alors seulement je saurai peut-être pourquoi Paul est parti.

Le début ?

« Nos ancêtres les Gaulois... »

Marion aimait dire : « nos ancêtres les Gaulois », et elle avait raison. Parce que nos ancêtres étaient venus en France bien avant que la France n'existe. Puis, docteurs de la Loi à Lunel, ou médecins du Pape en Avignon, ils avaient survécu aux avatars de l'Histoire jusqu'en 1791, date à laquelle ils étaient devenus citoyens français. Dès lors, pour eux, la République avait remplacé le Temple et, s'ils ne cachaient jamais qu'ils étaient juifs et portaient fièrement leur nom de Lévi, ils ne pratiquaient plus. Au XIXe siècle ils étaient montés à Paris et, depuis trois générations, les hommes avaient embrassé la carrière militaire. Le premier, l'arrière-grand-père de maman, tomba sur le sol d'Afrique le jour de la prise de la Smala ; son grand-père, lui, laissa une jambe à Sedan ; et, plus tard, malgré la douleur que leur causa l'affaire Dreyfus, ils ne doutèrent pas plus de la justice de leur pays qu'ils n'avaient douté de l'innocence du Capitaine. Si bien que, quand maman vint au monde, en 1916, son père pataugeait dans la boue de Verdun, en pleine bataille et en pleine suppression des permissions. Il finit la guerre avec le grade de colonel, rentra dans ses foyers avec la croix et, ma grand-mère ayant été emportée par la grippe espagnole peu de temps après leurs retrouvailles, il éleva seul la petite fille qu'il avait appelée Marianne en regrettant qu'elle soit une femme et ne puisse à son tour servir la République sous l'uniforme.

Il ne pouvait deviner que l'Éternel Dieu des Armées le comblerait un jour au-delà de ses espérances.

La même année Marianne eut vingt ans, sortit des Beaux-Arts, entra chez Lalique pour dessiner des flacons féeriques, et découvrit les Cévennes par hasard.

Elle remporta aussi un Prix, Prix qui lui fut remis par celui qui allait devenir mon géniteur inconscient...

Mais tout ça, je ne devais le découvrir que beaucoup plus tard ; tout ça je le révélerai en temps utile, pour le moment nous sommes en 1941, les Allemands occupent plus de la moitié de la France et Maman vient de me confier à Abraham.

Je n'avais pas pleuré. Maman avait promis de revenir bientôt. Je l'avais crue.

Et puis, cette année-là, la nature avait déployé tous ses charmes pour me retenir, pour me séduire et retarder la découverte de la réalité.

Le chien. Loubet. Une bête sérieuse, consciente de ses responsabilités, respectée par les brebis comme par les chèvres sans en avoir jamais mordu une. Une bête indulgente avec l'enfant que j'étais. Brave.

Les transhumants étaient montés quelques jours après le départ de maman. Quelle fête ! C'était le cousin Gédéon qui menait le troupeau. Il était très vieux, Gédéon, bien plus vieux qu'Abraham. Il portait une longue cape qui avait bruni sous bien des tempêtes, pâli sous bien des rayons brûlants. Papa lui avait parlé longtemps. Le cousin Gédéon me regardait comme si j'avais été très précieuse et m'avait souri dans sa barbe.

Il avait dormi à la maison puis, le lendemain, il était parti encore plus haut, encore plus loin, avec ses bêtes et son chien Testaïre qui n'avait pas voulu me parler parce qu'il était « tout à son métier », m'avait expliqué le cousin Gédéon.

Montons, montons, disait le troupeau en gravissant la grande pelouse vers la draille. Papa me disait :

– Quand ils reviendront tu les entendras dire : *dévalons, dévalons, dévalons*...

Loubet avait donné un coup de main à Testaïre pour rassembler les bêtes, puis il était revenu. Lui aussi il avait son travail.

Nous avions six chèvres, une dizaine de brebis, des lapins, des poules, trois chats qui n'avaient pas le droit d'entrer dans la maison et qui semblaient toujours préparer un mauvais coup. Et le cochon. Le cochon ou les cochons, et c'est une horreur que le destin de cette bête parce que, plus gentil que ça, tu meurs. D'ailleurs...

Heureusement, je ne faisais pas le lien entre les saucissons et *le ministre*, comme on appelait l'habillé de soie. J'ouvrais grand mon cœur pour y accueillir cette arche de Noé ; je buvais l'air embaumé des premières fleurs, le parfum des eaux neuves et cette odeur inoubliable de la terre ouverte, de feuilles macérées par l'hiver dans la neige et l'humus. Je riais aux éclats en roulant sur la pente, et Mémé et Maman Abraham riaient avec moi en me regardant.

Dès le premier jour je les avais appelées ainsi. Mémé et Maman Abraham.

Lui, c'était Papa puisque tout le monde lui disait Papa au Mazel.

J'avais roulé jusqu'à un petit rocher comme il y en avait beaucoup près de la maison, un de ces rochers qui trouent l'herbe rase, minuscule continent de granit émergeant d'un océan vert piqué de fleurs naines et plates. Je riais toujours. Et, soudain, sur le rocher, je vis une pierre très jolie, grise un peu bleutée, avec des reflets jaunes. J'ai tendu la main pour la ramasser et la pierre m'a mordue. J'ai crié. Elles ont couru vers moi, pour voir le serpent onduler et disparaître.

J'aurais dû mourir.

C'était la guerre. Il n'y avait ni téléphone, ni vaccin, ni voiture, ni médecin, ni voisins à qui l'on puisse se confier sans crainte.

Mais il y avait Mémé.

C'était une petite vieille douce qui parlait plus patois que français, une petite vieille douce qu'on entendait rarement et à peine, mais là, elle a hurlé.

– Laissez-la-moi ! Laissez-la-moi ! criait-elle en me serrant contre elle. *Viro te d'aqui !* Laissez-moi la petite ! Elle vivra !

Ma main gonflait déjà, j'avais mal au cœur, je m'en allais ; elle me fit boire une tisane gluante, horrible. Je me débattais, mais elle était forte, la Mémé !

Maman Abraham et Papa nous avaient laissées seules. Ils savaient qu'elle était mon unique chance. Ils connaissaient le don qu'elle avait mais ils n'en vécurent pas moins une agonie en m'entendant m'accrocher à la vie, puis me taire comme si le poison avait gagné. Mémé marmonnait, couvrait ma main mordue d'emplâtres tièdes et fétides, versait l'infâme breuvage entre mes lèvres bleuies, marmonnait toujours.

J'ai vomi ma mort pendant trois jours.

Un matin, j'ai dit :

– J'ai faim !

Mémé avait gagné.

Ma Mémé.

Chagall aurait pu la dessiner. Ses jupes d'un noir passé, son odeur d'âtre tiède, de châtaignes cuites, de serpolet, une odeur fondamentale, ancienne, une odeur de Genèse en marche, l'odeur de la poule sur son œuf. Tiède, douce, c'était moi qu'elle couvait.

L'hiver je dormais avec elle. Sa peau ridée mais fine, ses bouillons de fleurs de lys... Nous parlions patois, et parfois le patois me revient en pleine *Fifth Avenue*, quand quelqu'un m'énerve, *viro te d'aqui ! vole reveni embe ma gran !*, c'est mon yiddish à moi. Mémé, toi qui étais une sorcière.

Une sorcière du Bon Dieu.

Je regarde ma main. La vipère m'a mordue à la main gauche. Il y a quarante ans de ça mais la marque des crochets est là. Invisible. Sauf au moment de l'anniversaire où, chaque année, se dessine le fantôme parfait de la morsure de bienvenue que me fit le serpent. Non pas pour me tuer mais pour faire de moi une créature de la montagne. Comme les chats sauvages, les lièvres, les sangliers, les éperviers et les sources.

Comme Abraham et les siens.

Abraham avait rêvé d'être pasteur.

Le sort en avait décidé autrement.

Ils étaient trois frères Mazel qui partirent à la guerre, en 14. Il en était revenu seul. Il ne fut pas pasteur, il fut berger. Il s'en accommoda, il n'avait pas pour habitude de discuter ce qu'il nommait la volonté de Dieu. Il continua sa lecture de la Bible sans se révolter et je crois que, à l'âge des comptes et des bilans, le poids d'une petite fille juive sur ses genoux rendit sa peine plus légère. En me confiant à lui, Maman lui avait demandé s'il ne serait pas plus prudent de me trouver un autre prénom qu'Esther, il avait levé les bras au ciel.

– Ma pauvre mère se nommait Sarah, ma

femme se nomme Rachel, et moi, Abraham, tu voudrais que j'enlève à ta fille le nom d'Esther ? Pour l'appeler Ginette, peut-être ?

Marion avait éclaté de rire. Depuis longtemps elle avait demandé qu'on l'appelle Marion, parce que « Marianne » elle trouvait que ça faisait *buste en plâtre, monument aux morts* et *bonnet phrygien.* Tout le monde avait obéi, même son père le colonel. Il était si fier d'elle ! Il ne regrettait plus du tout qu'elle soit une fille, elle était si brillante. Un avenir superbe l'attendait.

Au début, ils avaient reçu de ses nouvelles. Codées, mystérieuses, convenues. Mais toujours rassurantes. Maman allait bien. Elle m'embrassait fort.

Peu à peu ils avaient élevé autour de moi les murs d'une forteresse en prenant soin de me le faire ignorer. J'acceptais cette vie, j'acceptais cette guerre avec obéissance. Qu'avais-je connu d'autre depuis que je communiquais avec les humains ? Je savais que la paix reviendrait un jour ; Maman me l'avait promis. Et, ce jour-là, tout le monde serait heureux. Aussi restais-je bien sage, pleine d'espérance derrière les humbles remparts de paille, de ronces, de laine et de nuages de ma forteresse. Les bêtes, protectrices, m'entouraient de leur chaleur, de leur odeur, de leur innocence.

Parfois je m'asseyais sur le seuil, là où Maman avait disparu, je regardais, j'attendais...

Il n'y avait pas de route pour venir à nous. Il n'y en a toujours pas et j'espère qu'il n'y en aura jamais. Les Allemands étaient venus puis repartis en roulant sur l'herbe et les silex, plus tard la liberté prit le même chemin invisible. Il n'y en a pas d'autre pour venir au Mazel.

Le dimanche, Papa et Maman Abraham s'habillaient tout propres et me laissaient avec Mémé. Ils allaient au Temple. Je les suivais des yeux jusqu'à ce qu'ils disparaissent... J'étais trop petite pour les accompagner et Mémé était trop vieille. Ça m'aurait plu d'aller au Temple, mais je ne pouvais pas laisser Mémé.

Un jour, j'irai.

Je verrai des gens, des petits garçons, des petites filles comme moi.

J'ai demandé à Papa si le Temple d'Espériès était aussi beau que celui de Jérusalem avec des palmes et des chérubins à deux faces. Il a ri, et m'a dit que c'était un tout petit temple, très modeste, mais que les bancs étaient quand même en bois de cèdre et que c'était l'odeur de Jérusalem. J'ai écrit sur mon cahier préféré : « L'odeur de Jérusalem » parce que je sais écrire maintenant, et j'ai dessiné l'odeur que je ne connais pas encore...

Mémé me fait sentir les herbes, elle m'apprend leur nom, l'*erbo du sancap*, la *grimouno*, le *cressoun de terro*, la *broutalaïgue*, il ne faut pas que je les confonde, ça peut donner la mort si on se trompe !

Mémé a un livre :

Le Médecin des Pauvres et ses Précieux Conseils
par le docteur Beauvillard.

Elle ne l'ouvre jamais parce qu'elle sait tout ce qu'il y a dedans et plus encore. Mais elle le garde dans notre chambre.

– *Sabèn jamaï !*, dit-elle.

Des fois je voudrais voir plus de monde... mais c'est la guerre, quand la paix sera faite les gens reviendront.

Maman reviendra.

Un soir, j'ai pleuré.

C'était après le passage des Allemands. J'ai compris qu'il y avait une menace sur le Mazel et que, peut-être, c'était moi la menace.

Et pourtant, cet Allemand c'était comme la vipère, il n'avait pas voulu me tuer... pourquoi ?

J'ai tellement pleuré que Papa a ouvert pour moi une pièce où je n'étais jamais entrée. La chambre de Jean. Jean Mazel. Le fils unique qui était prisonnier en Allemagne, le pauvre.

Dans sa chambre il y avait des livres partout ! Par terre, sur le lit, sur les murs, sur la cheminée, sur la table, sur les chaises, dans les placards, sur la commode...

Je ne pleurais plus, j'étais émerveillée.

– Les livres... je peux les lire ?

– Tu DOIS les lire !

– Tous ?

– Tous ! Mais il y a un ordre.

Perrault, Dumas, Kipling, La Fontaine, Walter Scott, Stevenson, Hugo, Chateaubriand et les autres, merci à vous !

Je dévorais plus que mon poids ! Les livres séchaient mes larmes mieux que des mouchoirs. Le plaisir et l'étude emplissaient mes jours ; la nuit je rêvais d'apprendre, de comprendre, de savoir.

– C'est bien, disait Abraham.

Je répondais :

– C'est pour que Maman soit contente.

Il hochait la tête, se taisait, me tendait un autre livre.

Il y avait longtemps que les nouvelles de Marion n'arrivaient plus.

L'automne suivant, quand le cousin Gédéon revint, *dévalons, dévalons, dévalons*... il portait une brebis sur ses épaules, pattes pendantes, toute molle et triste, et deux agneaux nouveau-nés dans son saqueton.

Il était soucieux, la brebis était tombée d'un rocher et ne pouvait plus avancer. C'était la mère des bessounets, ça lui faisait peine de devoir l'abattre.

Mémé avait haussé les épaules et marmonné. Elle voulait qu'on lui amène la bête dans la grange et que tout le monde la laisse avec elle. J'avais suivi Gédéon et je m'apprêtais à m'en aller quand Mémé me retint.

– Reste ! *Aqui !*

C'était un grand honneur, c'était entrer au pays des fées avec leur accord. La pauvre bête, posée comme en vrac sur une botte de paille, bêlait lamentablement.

– Regarde, me dit Mémé, regarde-moi bien !

Elle ferma les yeux, joignit les mains sur son tablier, comme je l'avais vue faire après le départ des Allemands. Une prière. Et cela aussi, elle voulait que je le voie.

Puis elle s'approcha de la brebis.

Je regardais ses vieilles mains effleurer le membre inerte, le tâter, puis, d'un geste brusque et précis, elle remit la blessée sur ses pattes et me dit :

– *As vist ? Rapello te bèn !*

Déjà elle me poussait vers la porte à la suite de la miraculée qui appelait ses petits. Mémé, elle, sans s'occuper de Gédéon, était repartie surveiller sa soupe dans l'âtre. Cette soupe, elle était tellement bonne qu'un agonisant en aurait redemandé. Gédéon disait : « Le jour où tout le monde pourra manger de ta soupe, Clémence, il n'y aura plus de malheureux ! »

Clémence. C'était son nom à Mémé. Clémence, la bonne sorcière du Bon Dieu et, ce soir-là, pendant qu'elle me coiffait avant d'aller au lit, j'ai vu qu'elle était contente.

On ramassait des ampoulettes, de la bourrache, des champignons, des framboises, on grillait des châtaignes ou on traquait le pissenlit selon la saison, et la nature nous livrait sa bonne odeur malgré la guerre. La guerre qui se faisait plus présente et se rapprochait un peu plus chaque jour de la forteresse sans chemin tandis que des bruits mystérieux, formidables, envahissaient mon sommeil. Une nuit je me réveillai seule dans la chambre que je partageais avec Mémé. J'entendais des murmures et des pas... Je me suis levée et, pieds nus sur les carreaux glacés, je suis allée dans le noir vers ce tumulte étouffé. Il venait de la chambre des livres... et le grand garçon maigre, mangé de barbe et de saleté que les femmes embrassaient en pleurant, c'était toi, Jean. Tu t'étais évadé. Trois fois. Mais cette fois c'était la bonne.

Abraham t'a dit quand je suis entrée : « Esther... la fille de Marion », et tu m'as soulevée dans tes bras en me serrant très fort.

Tu sentais la guerre, la peine, la douleur. Mais j'ai su tout de suite que tu la gagnerais, cette guerre.

Le lendemain tu avais disparu et il ne fallait pas dire que tu étais revenu. Alors, la nuit, je guettais les bruits... certains semblaient venir du ciel, il y avait de grandes lumières comme des éclairs silencieux... « Chut ! disait Mémé, dors ! » Je m'endormais, obéissante, et quand je me réveillais elle était déjà debout et je la trouvais devant la cheminée à faire du faux café pour un régiment.

Une fois c'était parce que Gédéon était remonté, sans ses brebis, mais pas seul. Quatre jeunes bergers l'accompagnaient. Ils n'avaient pas l'air de bien connaître la montagne mais ils étaient là pour l'apprendre. Ils avaient les mains blanches, des chaussures fines et ils avaient très faim.

– *Pecaïre*, disait Mémé en poussant le jambon et le pain vers eux, cette belle jeunesse, en être là !

Le lendemain eux aussi avaient disparu et, comme pour Jean, il fallait ne rien dire.

Puis Maman Abraham s'en alla un matin, le panier au bras, le fichu sur la tête.

– Je vais voir ma cousine Élise, tu sais, ma cousine de Valleraugue qui nous envoie des bonnes châtaignes et de la pâte de coings que tu aimes tant.

Le soir elle n'était pas rentrée et Papa me dit qu'elle resterait absente quelques jours. Valleraugue c'était loin, il fallait le temps d'y aller et d'en revenir.

Et puis, en ramassant des *repounchous* pour la salade, j'ai vu un monsieur dans la montagne.

Il jetait du grain dans la terre, du grain qu'il tirait d'un sac pendu à son épaule. Je me suis assise sur une pierre plate et je l'ai regardé. Je suis restée longtemps. C'était joli de voir s'envoler le grain. Un pas ! Le grain ! Un pas ! Le grain ! C'était joli de voir le monsieur marcher droit devant lui comme sur un fil.

Il m'a vue.

Son bras est resté en l'air et lui, s'il avait été sur un fil, il serait tombé. J'ai compris qu'il avait peur et je me suis retournée pour voir si quelqu'un de méchant ou une bête affreuse venait d'arriver.

Mais il n'y avait rien ni personne. Nous étions seuls. Et c'était de moi qu'il avait peur.

Alors je suis partie en courant et je suis arrivée en nage et décoiffée dans le potager derrière la maison où Papa retournait un carré de blèdes.

– Mais d'où viens-tu dans tous tes états ?

– J'ai vu un monsieur dans la montagne !

Il a posé sa bêche, il avait l'air contrarié... ce monsieur, c'était sûr, je n'aurais jamais dû le voir !

J'ai promis que je ne dirais rien à personne et Abraham m'a demandé si je savais pourquoi il fallait ne rien dire.

– La guerre ?

Alors il m'a tendu la main, sa grande main calleuse et dure qui se faisait si douce pour moi, et il m'a emmenée jusqu'à la Combe des Septante.

Ce n'était pas la première fois que nous y allions, mais c'était la première fois qu'il m'expliquait la guerre comme si j'avais été une grande personne.

D'abord, avec un bout de bois, il traça un mot sur le sol, là où rien ne poussait dans la terre de bruyère.

RESISTER

Un vieux mot, écrit comme autrefois, quand une femme l'avait gravé dans la pierre d'une tour. Une femme qui s'appelait Marie.

– À lui seul ce mot t'explique pourquoi il faut se taire. Quand Louis XIV était roi de France, il nous avait défendu de lire la Bible.

– C'est pas vrai !

J'étais scandalisée. Comment peut-on, même si on est roi, oser défendre de lire la Bible !

– Cette combe s'appelle la Combe des Septante parce que, en l'année 1703, les dragons du Roi surprirent ici une Assemblée de prières. Les protestants n'avaient plus de temples...

– À cause du roi ?

– À cause du roi. Alors, pour lire la Bible, ils furent obligés de se réunir au Désert...

– Pendant quarante ans ?

Abraham avait souri, non, les choses ne s'étaient pas exactement passées comme avec Moïse...

– Et qui c'était leur patriarche ?

Il y en avait eu plusieurs. Roland, Cavalier, Esprit Séguier, Castanet... et Abraham Mazel !

– C'était toi ?

Là, il avait franchement ri.

On l'avait baptisé Abraham à cause d'une tradition familiale. À chaque génération, chez les Mazel, par respect pour la mémoire du chef camisard, soldat, prophète et martyr qui eut la tête tranchée en 1709, on donnait son prénom à l'un des fils.

La nuit où les camisards furent surpris, ils étaient septante, ce qui veut dire...

– Soixante-dix, ça vient de sept, dis-je. Je le sais depuis longtemps. Et ils ont tous été tués par les... comment tu les appelles ?

– Les dragons du roi. Non, les dragons ne les ont pas tous tués. Ils ont emmené les hommes aux galères, les femmes à la Tour de Constance...

– Et les enfants ?

– Les enfants, on n'a jamais bien su ce qu'ils étaient devenus.

Quel silence !

Nous nous étions assis sur un rocher. Je pensais à ces pauvres enfants arrachés à leurs mères. Je pensais aux camisards. J'étais fière de descendre d'eux.

Face à l'éventail des vallées, la haute draille, la masse lointaine de l'Aigoual, je réfléchissais. Jean, les bergers aux mains blanches, les bassines de faux café, le monsieur qui semait du blé, le voyage à Valleraugue, les lueurs de la nuit...

REGISTER

Et, devant le paysage offert, dans le silence de la montagne, je sus pourquoi Maman n'était pas avec nous.

– Maman fait la guerre, n'est-ce pas ?

– Chut ! Il ne faut pas le dire !

Abraham hochait la tête et regardait autour de lui comme si les rochers avaient eu des oreilles.

– Chut ! Il ne faut pas le dire, mon petitou, mais c'est vrai !

Hier soir je suis sortie.

J'ai dîné en ville !

Au presbytère protestant, chez les Béranger.

En bonne New-Yorkaise, ou en bonne paysanne, *as you like it*, je suis arrivée beaucoup trop tôt. Jérôme n'était pas encore rentré et la maman couchait les deux plus jeunes.

– Le grand va vous recevoir ! a-t-elle crié, invisible, d'une voix très gaie.

Le « grand » doit avoir sept ans à tout casser, mais il a déjà le sens de l'hospitalité. Il me tend la main puis me fait signe de m'asseoir.

– C'est toi l'Esther de la Bible ?

Décidément, la légende a la vie dure !

– Moi, c'est Luc.

Il m'offre des olives et nous mangeons en silence. Il ne me quitte pas des yeux. Il m'intimide. Il jette le noyau de son olive dans le feu. Je fais de même. Il est grave.

– Moi, c'est à quatre ans, trois mois et huit jours.

– ... ?

– Que j'ai su lire. Presque comme toi.

– Dans la Bible ?

– Non, dans *Blake et Mortimer*. Tu connais ?

Si je connais ? Pourvu que je n'éclate pas en

sanglots devant ce petit être qui m'observe et devine une blessure sous mon sourire laqué. Heureusement sa mère arrive et je suis sauvée par le gong.

– Fabienne ! annonce-t-elle, un bébé sur un bras, une casserole dans une main.

Elle est charmante, longue et fine. Je remarque une dent légèrement de travers, des sourcils qui ont besoin d'être épilés, des cheveux que je couperais sans hésiter, et une peau qui gagnerait à être nourrie...

Non mais, ça ne va pas, Esther ? Pour qui tu te prends ? Elle est merveilleuse, Fabienne ! Elle n'a pas besoin de toi pour exister ! Elle ne va pas faire des photos pour ta nouvelle crème à la rhubarbe !

Elle est déjà repartie dans la cuisine, toujours aussi gaie.

– On est ravis de vous avoir ! s'écrie-t-elle avant d'éclater de rire parce qu'elle s'est brûlée.

Elle revient sans casserole et avec bébé et disparaît à nouveau en s'excusant de devoir m'abandonner encore.

Je proteste, je ne suis pas abandonnée, je suis avec Luc. Luc qui me confie que, plus tard, il sera pompier. Ou égyptologue. Il n'est pas encore bien décidé.

Je n'ai rien bu mais je me sens ivre. Ivre de voir qu'une famille comme ça existe. La maison sent le feu de bois, le lait, le bébé, la vanille et le laurier séché...

– Tu veux que je te dise tout ce qu'il y a à manger ? me demande Luc à voix basse.

Tu parles !

Il se penche vers moi :

– Y a des châtaignes ! Tu aimes ?

J'aime. Et j'aime aussi l'omelette aux cèpes, et je remarque au passage qu'on ne me sert pas de charcuteries, et que, pour ne pas faire cuire le chevreau dans le lait de sa mère, on a supprimé la viande au bénéfice du pélardon.

– Et des oreillettes, tu aimes ?

J'aime les oreillettes !

J'ai honte de ne pas avoir de cadeaux pour les enfants. Les réserves du Mazel sont exclusivement destinées aux grandes personnes. Une bouteille de Cheval-Blanc pour Jérôme, un flacon de parfum pour Fabienne.

– Pour moi ? Votre parfum ! Ça alors, ça me fait plaisir ! Mais plaisir !

Et moi, Fabienne, ça me fait plaisir d'être là, si loin de ce que la vie me permet de voir depuis longtemps.

On a passé une soirée formidable, le « grand » a dîné avec nous, on a ri, Jérôme a raconté l'histoire de la vipère, et comment Mémé m'avait sauvée. Luc a voulu que je lui montre ma main mais on ne voyait rien, la marque n'apparaîtrait que pour l'anniversaire.

– Tu me la feras voir !

– Si je suis encore là ! ai-je dit, et j'ai failli ajouter : « Mon Dieu, qu'est-ce que je vais devenir ? »

Mais, heureusement, Luc a parlé avant moi :

– Raconte aussi comment t'as sauvé le maquis !

– Tu sais ça, toi ?

– Oui !

– Alors, raconte !

Il a regardé son père, puis sa mère, il s'est concentré, puis il a commencé :

– T'as couru dire que les Allemands arrivaient... non, t'étais seule avec ta mémé... non, c'est ton nez... oh ! c'est trop difficile, je préfère que tu racontes, toi !

J'ai raconté. La légende, toujours. Mais la légende est vraie.

Un dimanche matin, beau temps, ciel de rêve,

tout le monde est au Temple sauf Mémé et moi. On donne des épluchures aux lapins et je dis :

– Le feu.

Je l'ai senti brutalement. L'odeur m'a frappée comme une gifle. Mémé regarde vers la maison, pas de feu.

– C'est loin, ai-je dit. C'est sur la route des crêtes.

Mémé n'a pas haussé les épaules, elle n'a pas dit que depuis les lapins et les épluchures on ne pouvait pas voir la route des crêtes, Mémé m'a crue. Elle est tout de suite allée voir et j'avais dit vrai, hélas ! Très loin sur la montagne, la Borie Poujol brûlait. Mais ce n'était pas tout. Sur la route des crêtes une longue colonne de blindés avançait vers le col.

C'était terrible, parce que, ce matin-là, les garçons que cachait Abraham étaient tous sortis de leur abri pour aller chercher des armes après le parachutage de la nuit sur la draille. Mémé a dit :

– Nos petits vont se faire tuer !

Je regardais la colonne de mort, je respirais l'odeur du brasier, je pensais à Maman qui faisait la guerre, et je suis partie en courant, droit devant moi, vers le Temple où je n'étais jamais entrée. Près de trois kilomètres. J'ai perdu une chaussure, je ne l'ai pas ramassée, j'ai jeté l'autre ; sur l'herbe ça allait, mais sur les silex ça faisait mal. Je courais. À perdre haleine. J'avais mal à la poitrine, ça me brûlait dedans comme ça brûlait à la Borie Poujol. La porte du Temple était grande ouverte et, de loin, j'entendais déjà des voix qui chantaient : « *C'est un rempart que notre Dieu !* », j'avais peur d'entrer dans le Temple et de me faire gronder d'avoir laissé Mémé toute seule, mais je pensais à Jean, et à tous les petits qui risquaient de mourir.

Je suis entrée et j'ai crié :

– Les Allemands ! Ils ont brûlé la Borie Poujol et ils vont arriver !

– Et tu t'es évanouie ! dit Luc avec enthousiasme.

Il paraît. Je ne me souviens de rien de ce qui se passa ensuite. Je ne me souviens que de l'odeur des bancs de cèdre dans laquelle je sombrai. L'odeur de Jérusalem.

Cette histoire me fait mal. C'est vrai que le pire a été évité, mais il y a quand même eu cinq morts...

– Ils y seraient tous restés sans votre nez, dit Jérôme.

Mon nez. Luc le regarde comme si c'était une pièce de musée.

– Je peux le toucher ? demande-t-il en tendant la main.

– Luc ! crient ses parents.

Moi, je ris. Je laisse la petite main se promener sur mon nez.

– Tu demandes pardon et tu vas au lit ! dit Jérôme, fâché.

Mais je retiens le petit contre moi, je le respire dans le cou, derrière l'oreille, là où s'arrête la douce brosse de ses cheveux de garçonnet.

– Tu veux savoir ce que mon nez pense de toi ?

Il me fait signe que oui.

– Il pense beaucoup de bien, tu es un gentil garçon, lui et moi nous sommes tes amis !

On s'embrasse et il s'en va avec sa mère, emportant cette odeur d'enfance et de bonheur que je ne serai jamais capable d'exprimer.

Ni dans un flacon. Ni dans ma vie.

Quand il fut parti Jérôme devint plus grave. La journée n'avait pas été bonne. Un temple de plus attendait un pasteur. C'était le troisième... Il ne savait pas comment il arriverait à assurer le culte de ces paroisses abandonnées.

Fabienne revint en disant que tout le monde dormait. Souriante.

Elle s'assit près de lui et demanda gentiment :

– Qu'est-ce qu'il y a qui ne va pas, mon cœur ?

– Tu lis à travers moi ! dit-il avec reconnaissance.

Ils se tenaient par la main. C'était superbe de voir cet amour. C'était terrible aussi.

On avait été comme ça. On s'était tenu la main comme ça. On s'était regardés comme ça. On avait été aussi pauvres que Jérôme et Fabienne, aussi courageux. Aussi heureux !

À un détail près.

Les enfants.

En ouvrant la porte, au moment où je prenais congé, on a découvert Berger couché en travers du seuil.

Il m'attendait en silence, avec patience, comme un chauffeur de maître devant le Plazza. Il s'est levé en me voyant et il a dit bonsoir à tout le monde.

J'ai eu beau me débattre, dire que j'avais une torche électrique, que le chien était là, que je n'avais pas peur, ils ont insisté pour que Jérôme me raccompagne.

On a roulé sur l'herbe dans sa vieille 2 CV, la tête du chien entre nous, aussi loin que la pente l'a permis – et même un peu plus –, puis on a continué à pied. La nuit était très claire. Je pensais aux dernières nuits du maquis quand la liberté et la mort se tenaient si proches l'une de l'autre, à chaque détour du chemin.

– Vous avez un cadeau ! a dit Jérôme en arrivant devant ma porte.

Bien enveloppés dans des feuilles de châtaignier, protégés par un torchon, quatre pélardons frais.

– Ça, c'est Violetta !

Violetta ! Mon Dieu, la plus jolie fille de la montagne. Si jolie que j'avais voulu l'emmener à New York quand j'avais lancé la ligne *Luzette*. Mais elle était amoureuse. Amoureuse folle d'un Hollandais qui voulait se recycler sur nos sommets.

Je demandai de ses nouvelles et des nouvelles du Hollandais. Hélas ! il l'avait quittée quelques années plus tôt et le chagrin l'avait rendue presque folle.

– Et muette, elle n'a pas dit un mot depuis qu'il est parti. Si vous la voyez, vous aurez du mal à la reconnaître !

– Comment vit-elle ?

– Disons qu'elle survit. Vous avez mangé de ses fromages ce soir.

Délicieux.

– Elle a quelques chèvres... Il sourit : Et elle a Ricounette ! Une brebis qu'elle a adoptée, une agnelette orpheline qu'une chèvre a nourrie et qui se croit elle-même une chèvre !

Violetta. De longs cheveux noirs, un rire joyeux, des yeux clairs. Belle, belle. Une peau de soie. Une telle gaieté...

Nous étions entrés dans la maison, je voulais qu'il parte vite retrouver sa femme et, en même temps, l'histoire de Violetta me serrait le cœur et me révoltait.

– Les gens sont trop malheureux ! dis-je avec colère comme si c'était sa faute à lui, pauvre petit pasteur de montagne. Vous pouvez me justifier cette merde ?

– Chercheriez-vous des preuves de l'existence de Dieu ? dit-il avec malice. Si c'est ça, ne comptez pas sur moi ! Je n'en ai jamais eu besoin !

– Votre bonheur fait plaisir à voir ! – j'étais toujours en colère – Vous, votre femme, Luc, voilà des preuves de l'existence de Dieu ! Violetta en était une ! Ma mère ! Jean ! Gwen ! Et...

Je n'ai pas pu prononcer le nom d'Olivier mais Jérôme a compris.

Allons, le pire était passé. J'ai respiré profondément, je lui ai demandé de m'attendre deux minutes, je suis montée en courant et je suis redescendue de même, une pile de *Blake et Mortimer* sous le bras.

– Pour Luc !

– Vous êtes sûre ?

Il était bouleversé. Moi aussi. J'ai dit :

– Je vous en prie, prenez-les, jeune homme de Dieu !

Et heureusement la formule l'a fait rire car la tension devenait intolérable.

– « Jeune homme de Dieu ! », celle-là on ne me l'a jamais faite !

– On a eu tort, c'est pile vous !

Il regardait les *Blake et Mortimer* ; j'eus peur qu'il ne se mette à pleurer comme un petit enfant, mais il dit simplement :

– Une vraie preuve de l'existence de Dieu, Esther, c'est que vous soyez revenue !

Voilà ce qui s'appelle avoir le dernier mot.

Pas question de monter me coucher. La soirée a remué trop de souvenirs plus acérés que les silex sur lesquels je courais autrefois pour prévenir de l'arrivée des Allemands.

Pas sommeil. Envie de boire du vin. Pas envie de descendre à la cave. Chic ! Il y a une bouteille de vendanges tardives dans le frigo.

Pof ! fait le tire-bouchon, et Berger pointe ses oreilles comme s'il avait entendu un coup de feu.

Génial, le vin. Géniale, la température. Géniale,

la maison. La maison de James Bond. C'était Jean qui disait ça. Il disait : « Le Mazel, après le passage de François-Xavier, c'est devenu la maison de James Bond ! Il doit y avoir une base de sous-marins dans le jacuzzi et une rampe de lancement d'ovnis sur les lauzes du toit ! »

J'allume tout. Je règle suavement le chauffage, je bloque les issues, je branche l'alarme et je programme du Mozart.

Rien n'a changé malgré la machinerie. Je m'assieds à la grande table avec mon verre et ma bouteille, devant la cheminée, je regarde la pierre qu'on faisait tourner pour descendre dans le souterrain... la pierre que j'ai vue bouger pour la première fois la nuit où Maman Abraham est revenue de Valleraugue avec cette famille en fuite. Ils avaient l'air affolé. Ils étaient encore plus pâles que les jeunes bergers. Ils ne parlaient pas français. Papa m'avait dit qu'ils étaient allemands et ça m'avait paru énorme de cacher des Allemands, nous des Français, pour que des Allemands ne leur fassent pas de mal !

– Ils sont allemands, mais ils sont juifs.

– Comme dans la Bible ?

Le peuple d'Israël. Là, devant moi ! Bien fatigué.

Maman Abraham et Mémé les avaient installés là où je suis assise cette nuit, et les faisaient manger.

Du pain, du lait, du fromage, des pommes. Je me levai pour aller chercher du jambon, mais il ne fallait pas leur en donner. Les juifs n'en mangeaient pas. Il ne fallait pas traîner non plus, il fallait descendre à la grotte pour pouvoir partir avant le lever du soleil.

Alors Papa appuya sur une chevillette, dans un coin du foyer, il y eut un déclic semblable à celui de l'horloge quand elle va sonner et, lentement, la grosse pierre se mit en marche, découvrant un trou béant qui semblait descendre dans le noir jusqu'au centre de la terre.

La petite fille avait peur, elle ne touchait plus à son lait ni à la belle tartine de miel que Mémé avait posée devant elle. Pour tout arranger, voilà que la tête de Jean apparaît au ras des cendres, il lui dit doucement :

– N'aie pas peur, mon petit cœur, on va te conduire là où tu ne risqueras rien !

Mais elle ne comprend pas et pleure sans bruit. Alors il lui dit la même chose en allemand, il lui tend les bras, elle pleure toujours mais elle a moins peur, je le sens et j'ai envie de l'aider, cette pauvre petite fille juive à qui les Allemands veulent faire du mal.

Je lui ai donné ma poupée. Elle était un peu abîmée, mais je n'en avais pas d'autre. Je la serrais contre moi quand j'étais arrivée au Mazel. C'était un cadeau que Maman m'avait fait pour mes trois ans. J'y tenais beaucoup. C'est pour ça que j'ai senti que je devais la lui donner.

– *Gibst du sie mir wirklich* ?* disait-elle.

Je ne comprenais pas les mots mais j'insistai jusqu'à ce que ses bras se soient refermés sur la poupée.

Quand toute cette famille et Jean furent descendus, Papa referma le passage et se tourna vers moi :

– Ce que tu as vu ce soir, Esther...

– Je n'ai rien vu, Papa, je ne dirai rien.

– *Es brave !* a dit Mémé.

Maman Abraham a embrassé mes cheveux.

– Tu as bien fait de donner ta poupée à la petite fille !

À vrai dire, j'étais un peu triste de m'être sépa-

* Tu me la donnes vraiment ?

rée de Marjolaine, mais quand Maman reviendrait elle m'en donnerait une autre. Encore plus belle.

J'ai cherché la chevillette sur le mur de la cheminée. Je l'ai trouvée. J'ai entendu le grand soupir et la pierre a libéré le passage. Mais où était la lumière ? J'ai posé un pied sur la première marche et tout s'est éclairé dans le souterrain. Merci, François-Xavier.

J'avançais et des torches invisibles révélaient le long couloir tortueux sous la maison. Le passage secret qui avait été celui des camisards avant d'être celui des maquisards.

Il menait à la grotte où, à plus de deux siècles d'écart, on avait entreposé des armes, des munitions, des vivres, et soigné des blessés.

La grotte avait alors une autre issue, ce qui permettait des allées et venues incontrôlables. Abraham la fit murer quelques années après la guerre pour éviter que des gens ne s'aventurent dans le souterrain et ne débarquent dans sa cheminée.

J'avançais lentement entre les parois creusées dans le roc puis je débouchai dans la nuit sur le sentier étroit. Je n'allai pas jusqu'à la grotte ; le ciel était dégagé, mais j'ai toujours eu le vertige et je craignais un faux pas qui m'aurait envoyée deux cents mètres plus bas en un seul voyage. Je devinais la grande arche ouverte sur le précipice et je frissonnai. Quel courage, Abraham !

Je suis remontée vers la maison. La grosse tête de Berger me guettait au sommet des marches. Il gémissait d'angoisse. Je lui avais fait une belle peur, à ce chien.

Je lui offris des croquettes, me versai un autre verre de vin et tentai, avec Mozart en fond sonore, de lui expliquer ce qu'avait été la vie du Mazel au temps du maquis.

Des containers tombaient du ciel, des armes circulaient sous des feuilles de châtaigniers, Mémé cueillait ses herbes et faisait sa soupe dans le grand chaudron. Jean, lui, instruisait une armée invisible, un monsieur de Varsovie semait du blé dans une haute terre qu'il avait labourée la nuit. Abraham lisait le Livre et dirigeait les opérations sans cesser de m'apprendre l'orthographe et le calcul. Dans ce qu'ils appelaient leurs *entractes* un des bergers me mit au latin, un autre à l'anglais. Une vraie fête ! Les leçons se passaient devant la cheminée pour que les garçons puissent disparaître dans le souterrain en cas de danger. L'un d'eux était de Colmar. Joseph. Il riait toujours. Il disait :

– Je sais rien qu'une chose mais c'est mieux que tout ce que les autres peuvent te mettre dans la tête ! Moi, je t'apprendrai à faire le pain !

Il était boulanger.

Je lisais les livres de Jean, je savais par cœur *de quoi faire à Margot pour sa fête un bouquet, deux robinets coulent dans un réservoir, Pussycat, Pussycat where have you been* et *rosa* la rose, Joseph faisait pleuvoir la farine du monsieur de Varsovie sur mes petites mains ouvertes, une pincée de sel, une goutte d'eau... le pain. Et, dans le silence de la montagne, le bruit du vent et, parfois, celui des armes, j'attendais le jour de la victoire et de la liberté parce que ce jour-là s'appellerait Maman.

J'ai dû m'endormir. Il est trois heures du matin. J'ai froid.

Le chien me regarde monter vers ma chambre. Il ne me suit jamais à l'étage. C'est un chien de paysan. Dressé par mon frère. Surtout ne pas lui donner de mauvaises habitudes. Bonsoir, camarade.

Dans ma chambre, j'ai ouvert la commode et j'ai

sorti Marjolaine. Ma poupée. Elle est arrivée au Mazel en 49, avec une petite carte attachée à sa robe par un ruban rose :

Danke schön,

RÉBECCA.

La pauvre petite fille juive et ses parents ont été sauvés.

Mais Maman, ma maman, elle, n'est jamais revenue.

Mémé mourut la veille de la libération d'Espériès.

J'étais assise auprès d'elle, au bord du feu. On tirait les fils des pois gourmands pour sa soupe. De temps en temps je sortais un pois tendre et sucré de sa cosse plate et je le croquais. Nous ne parlions pas. On se battait dans les bois derrière la draille. Les hommes avaient disparu. Dans la grotte ? Derrière les rochers ? Sous la cascade ? Au combat ? Pas de leçons aujourd'hui. Maman Abraham étendait du linge au soleil, des draps séchaient sur l'herbe chaude parce que, on a beau être dans la guerre, il faut bien continuer à faire la lessive. Et même plus qu'avant à cause de l'armée invisible qui se cachait dans les entrailles du Mazel.

Les fils et les tiges des pois rejoignaient les fanes et les épluchures qui étaient déjà dans le tablier de Mémé. Tout à l'heure on irait les donner aux lapins. Mais ce matin-là, les lapins devaient se passer de friandises. Ce matin-là, Mémé est morte. Elle a laissé filer sa vie entre ses doigts, elle a lâché la verte récolte qu'elle tenait sur ses genoux, sans un mot, sans un mouvement d'effroi ou de révolte, calmement, naturellement. Elle s'est juste un peu affaissée au fond du fauteuil et a soupiré comme on soupire quand on est venu à bout de quelque chose.

– Mémé...

Je n'avais pas peur. Comment aurais-je pu avoir peur de Mémé ? Elle semblait endormie. J'ai touché sa joue veloutée, sa peau si douce et tiède. J'ai embrassé sa main ridée où le sang s'était arrêté dans les veines. Premier contact avec l'inertie de la mort. Et j'ai su qu'elle ne se réveillerait pas.

Je me suis levée et je suis partie chercher Maman Abraham au milieu de tous ses draps blancs, et rien qu'en me voyant, elle a compris.

L'odeur de Jérusalem.

C'était beau.

C'était pour glorifier Mémé.

Le pasteur a dit que Mémé était partie *rassasiée d'années* et que, toute petite et modeste, elle était maintenant à la droite du Père parce qu'elle s'était battue toute sa vie comme une femme de l'Ancien Testament, comme une prophétesse au Désert.

J'étais fière pour Mémé. Il avait raison, le pasteur, tout ce qu'il disait était vrai. Personne n'avait connu Clémence Jeanne Alix Boisset, née Clauzel, mieux que moi. J'avais tressé un coussin de fleurs et d'herbes pour elle. Les fleurs, les herbes qu'elle m'avait apprises comme on apprend une langue, un cantique.

« *Plus près de toi, mon Dieu...* » chantait l'assistance avec des larmes dans la voix.

Puis le pasteur remercia l'Éternel qui venait de libérer Espériès et, Bible sous le bras, descendit de sa chaire pour nous accompagner jusqu'à nos tombes pour l'ensevelissement.

Tout le monde est venu. Mémé devait être contente mais je pensais qu'on lui devait bien ça, à peine arrivée au ciel elle chassait les Allemands et nous donnait la victoire ! Je serrais très fort le bras de Maman Abraham qui pleurait derrière un voile de crêpe.

Il faisait clair et pur sur nos tombes. Les bergers de Gédéon portaient le cercueil. Avant qu'ils ne le descendent avec des cordes au fond du trou, j'avais placé mon coussin de fleurs dessus, à la place du cœur.

La valériane et la petite oseille, l'adonis du printemps, l'*erbo-grepo*, le *mourre de lèbre* et la clématite blanche accompagnèrent Mémé dans la terre.

Le pasteur dit que c'était beau de voir ces jeunes maquisards rendre un dernier hommage à celle qui les avait accueillis, nourris, cachés, qui avait pansé leurs blessures. Et lui, il voulait encore saluer cette courageuse famille Mazel qui avait tout donné aux autres pendant l'occupation allemande, qui avait refusé la servitude, qui avait résisté comme aux temps des persécutions pour la Foi, et qui n'avait jamais eu peur des représailles.

J'étais fière.

Et puis il a dit :

– Fidèles à la Bible des Patriarches, des Prophètes et des Psalmistes, fidèles au Livre dont Jésus a nourri son âme et sa pensée, les Mazel ont été dignes de leurs ancêtres. Ils l'ont prouvé en recueillant et en élevant comme leur propre enfant cette petite fille juive que sa mère leur avait confiée.

J'ai d'abord cru qu'il parlait de la petite fille à qui j'avais donné Marjolaine. Puis j'ai vu que tout le monde me regardait, avec tendresse, avec affection, et j'ai compris qu'il s'agissait de moi et que je ne savais pas qui j'étais.

Alors je suis partie en courant sans écouter les cris et les larmes. Sans regarder derrière moi.

Jean m'a rattrapée au milieu de la Combe des Septante. Il m'a serrée contre lui. Je pleurais, je disais :

– Pourquoi je suis pas camisarde ? Pourquoi je suis pas des vôtres ?

Et Jean criait :

– Tu es des nôtres, Esther ! Tu es celle qui a donné l'alarme et sauvé des vies ! Ne l'oublie jamais !

Je pensais à l'officier allemand qui avait caressé mes cheveux. *Belle petite huguenote...*

Qu'aurait-il fait s'il avait su qui j'étais ?

Qui j'étais ? je ne connaissais même pas mon nom de famille !

– Lévi, tu t'appelles Lévi.

Je n'avais pas entendu Abraham approcher.

J'ai demandé :

– Lévi ? La tribu de Lévi ? le fils de Jacob et de Léa ? et Papa m'a fait signe que oui et il a souri, et Jean aussi.

Je me sentais moins seule mais je tremblais comme une feuille. Jean a quitté sa veste et m'en a enveloppée.

Abraham se tenait devant moi, droit dans ses habits de deuil noirs. Il était très beau. Beau comme le pasteur qu'il aurait été si ses frères n'étaient pas morts dans une autre guerre. Et il a parlé comme un pasteur aurait parlé et, autour de lui, sur la montagne, tout a fait silence pour entendre sa voix quand il a dit :

– Il faut que tu sois fière d'être juive, Esther. Nous, nous ne sommes que les lecteurs du Livre, les serviteurs... Toi, tu es le rejeton et la lignée de David ! Toi, Esther, tu es l'étoile brillante du matin !

Je suis partie en courant comme le jour de l'ensevelissement de Mémé. Trop mal. Terrible de revivre ces moments d'espérance où, si petite, je croyais voir revenir ma mère... ces moments où nous attendions la lettre qui dirait : « J'arrive ! »

Ces moments où les feux d'artifice de la victoire éclataient dans le ciel, me déchirant le cœur.

À bout de souffle je me suis arrêtée, le sang battant aux tempes, la vue brouillée. Je me suis assise au milieu d'un champ aride où les pierres étouffent quelques herbes vertes ; j'ai cueilli une herbe.

C'était du blé.

Le blé que le monsieur de Varsovie jeta à la volée il y a près de quarante ans, le blé que plus personne ne moissonne depuis que la guerre est finie et qui se sème patiemment, seul, pour rien, pour personne, pour la beauté d'exister.

Pour personne ? Et si c'était pour moi qu'a poussé ce fragile brin qui ne jaunira pas, qui ne portera jamais d'épi puisque je le froisse entre mes doigts ?

Je m'accroche à toi, pauvre herbe, pour supporter la mémoire des jours où je guettais la silhouette d'une jeune femme sur le chemin invisible qui mène au Mazel...

Ils lui écrivirent :

Marion Lévi, 26, rue de la Bienfaisance, Paris VIIIe,

et la lettre revint avec ces mots en travers : *N'habite plus à cette adresse*.

Ils écrivirent partout, ils eurent des réponses mais pas de nouvelles. Alors Jean décida de monter à Paris pour chercher sur place. Il n'osa pas me regarder en disant :

– Je te ramènerai ta maman !

Il avait dans sa poche une photo. Une photo de groupe. L'Auberge de la Jeunesse à la Bécèdelle en

36. Au troisième plan, dans le fond à gauche, on devinait une jeune femme. Silhouette gracieuse qu'on distingue mal. Maman. Profil perdu.

Appartement vide. Et vidé. La concierge ? en fuite. Les voisins ? Personne, sauf une très vieille dame impotente qui se souvenait de la mort de mon grand-père, en 42. Elle disait « le Colonel » en parlant de lui. Elle s'était doutée que Maman était dans la Résistance. « Famille de militaires », disait-elle avec considération. Elle ne savait pas quand Maman avait disparu... Sans doute peu de temps après la mort du « Colonel ».

Jean alla chez Lalique, on l'envoya chez Lelong où travaillait l'amie qui avait entraîné Maman dans les Cévennes. Jean se souvenait de son prénom : Claudette. Bien sûr, Claudette ! Mais elle était passée en Algérie en 42 et s'y était mariée.

Un nom ? Une adresse ? Rien.

Alors il alla au ministère de la Guerre, raconta son histoire de bureau en bureau, de service en service, et, un jour, quelqu'un lui dit que Marion Lévi avait dû être déportée. Déportée ? Morte ? Pourquoi pas les deux ? Alors il fit les gares, les centres de rapatriement, il guetta les convois de déportés, lut les listes... il n'avait plus d'argent, il allait rentrer bredouille, il fit une dernière tentative...

Hôtel Lutetia. Arrivage rayé. Bal des fantômes, foire aux spectres, sanglots et cris des familles qui retrouvent un être cher. Sanglots de ceux qui ne retrouvent personne.

– Vous tombez bien, dit une dame complaisante, vous seriez venu hier, vous vous seriez déplacé pour rien, mais ce matin, on nous a communiqué les listes ! Elles sont fiables, ce sont les listes établies par les Allemands !

Il a lu. Marianne Lévi était morte en novembre 44, au camp de Ravensbrück, près Fürstenberg-Mecklembourg, Allemagne. Toutes les femmes de son baraquement étaient mortes, à part quelques malheureuses qui ne survivraient pas longtemps.

– Tenez... La dame complaisante baisse la voix : Il y en a une, là, sur une civière, qui agonise... on ne sait même pas son nom, la pauvre !

Il la vit, squelette aux lèvres bleues comme les yeux immenses, crâne déjà lisse... il se pencha... et si c'était elle ?... Mais Marion n'avait jamais eu les yeux bleus...

– Personne ne l'attend, dit la dame complaisante, tandis que des larmes brouillaient les yeux bleus de la mourante.

Elle essaya de parler. Mais ses lèvres tremblaient sans qu'aucun son n'en sortît.

« Personne ne l'attend », des brancardiers arrivaient, s'emparaient de la civière. Jean se jura de ne jamais oublier cette femme et le bleu de ses yeux.

Bien sûr Jean ne me lâcha pas tout ça d'un coup en rentrant ; il lui fallut des années pour m'avouer l'inavouable et je suis sûre qu'il est parti sans avoir voulu tout me dire. Mais dès que je le vis, je sus que Maman était morte.

Le Mazel n'avait jamais été aussi silencieux qu'à son retour. Personne n'osait parler. J'ai demandé :

– Et Dieu ?

Ils m'ont regardée, muets. J'ai crié :

– Et Dieu ? Où il était ? Pourquoi il a fait ça ? Pourquoi il a pris ma Maman ? Il est mort, lui aussi ?

Puis j'ai pleuré dans leurs bras comme le petit enfant que j'étais.

Je me suis juré de faire l'inventaire et j'irai jusqu'au bout, mais vite !

Jusqu'ici, dans l'inventaire, pas de trace d'erreur. De ma part, entendons-nous bien. Ma première erreur viendra plus tard, bien plus tard.

Il faut que j'aille vite, j'ai besoin de sauter les années comme j'ai eu besoin de sauter les classes, d'avancer.

Vers quoi ?

Vers l'erreur, pour en finir.

L'orpheline est sage, travailleuse, intelligente, douée. Mais est-ce suffisant pour être acceptée ?

Quand je suis allée au lycée, à Nîmes, le professeur principal nous a fait remplir une feuille polycopiée couverte de questions. Pour mieux nous connaître, disait-elle. À « profession du père », j'ai répondu : « paysan ». Ça n'a pas plu à Madame Reverchon, elle m'a demandé de barrer « paysan » et d'écrire « agriculteur ».

J'ai dit non et, comme elle ouvrait un grand bec indigné, je lui ai expliqué pourquoi mon père n'était pas agriculteur.

– Un agriculteur a des tracteurs, des batteuses, des moissonneurs ou des vignes, mon père, lui, il n'a rien, c'est un paysan, il n'a que sa montagne.

– Forte tête, mademoiselle Lévi ? a dit la Reverchon avec un air de finesse qui ne lui allait pas du tout. Mais attendez, comment se fait-il, mon petit, que vous ne portiez pas le même nom que votre père ?

Les filles me regardaient, bovines ou pointues.

– Hein ? Pourquoi mademoiselle Lévi ?

– Ça ne vous regarde pas, ai-je répondu.

Je me suis retrouvée aussi sec chez la surveillante générale. Il paraît que je risquais le conseil de discipline et le renvoi définitif pour insolence. Je me serais fait tuer sur place plutôt que de demander pardon, mais ce n'était pas nécessaire. La surveillante générale avait fait passer pas mal de monde par la filière du Mazel ; son jeune frère était tombé au maquis d'Aire-de-Côte ; elle savait plus de choses sur moi que je n'en savais moi-même, elle savait – chose que j'ignorais alors – quel combat Jean et Abraham livraient pour me garder avec eux. Ma présence auprès de gens qui m'avaient sauvée de la déportation et de la mort était illégale.

– On va avoir une conversation de grandes personnes, Esther, me dit-elle en me faisant asseoir près d'elle. Madame Reverchon n'aurait jamais dû te demander ce qu'elle t'a demandé, mais toi, promets-moi deux choses : la première c'est de ne plus être insolente, l'autre te coûtera moins, ajouta-t-elle avec un sourire en voyant ma tête. L'autre chose que tu dois me promettre c'est d'être, toujours, la première... en tout !

– Je vous le promets, Madame, dis-je gravement et, à part des notes infamantes en couture et en solfège, je tins parole sans défaillance et fus toujours la première... en tout.

Malheureusement, en ce qui concernait l'insolence, je dois avouer que j'eus beaucoup plus de mal.

Le vent se lève, chassant un rideau perlé de pluie. Le dernier *rouergue* de la saison ? Si tard ? Les gouttes se projettent dans le vide, balayées par un souffle froid, elles s'évanouiront dans les airs comme des bulles scintillantes avant de toucher le sol. Vision magnifique mais glacée qui me fait quitter le champ du blé fantôme et me ramène à la maison.

De loin je vois un cageot devant la porte. Je parie que c'est le pasteur qui a peur que je meure de faim.

Gagné ! Pommes, pommes de terre, persil, et une écuelle de lait caillé tout frais.

Il y a aussi une grande enveloppe.

Pour Esther

Je l'ouvre et je découvre une étrange œuvre d'art :

Merci pour Blaise et Mortimer.

Je te done ton portrêt.

Je t'n embrace

Luc

Je regarde le portrait et j'éclate de rire.

Il a mis une couronne sur ma tête, un manteau de cour sur mes épaules, je tiens un sceptre à la main... non, ce n'est pas un sceptre, c'est un flacon de parfum ! Immense ! Et moi aussi je suis immense ! Mais ce n'est rien à côté des dimensions de mon nez ! Un nez à faire perdre son boulot à Cyrano de Bergerac !

Je hurle toujours de rire puis je cours me regarder dans la glace. Ça me rassure ! Il faut que je prenne ce dessin comme un hommage emblématique, héraldique. Luc n'a pas traité mon nez en nez, mais en symbole. Ce nez est l'image d'une raison sociale. Une enseigne !

Petit garçon, je voudrais caresser la brosse douce de tes cheveux...

J'ai rentré le cageot, j'ai rangé les provisions, j'ai fait repartir le feu dans la cheminée...

J'ai nourri le chien.

J'ai même téléphoné à Aaron.

Oui, j'allais bien..., non, je n'envisageais pas de rentrer tout de suite.

Ni lui, ni moi nous n'avons eu le courage de prononcer cette phrase : « As-tu des nouvelles de Paul ? »

Mais à quoi bon poser cette question ? Si nous avions eu des nouvelles de Paul, nous nous le serions crié à travers les océans.

– Tu as vu Wall Street, hier ?

– Non, pourquoi ? on est ruinés ?

– On a encore pris 8 %.

Sa voix est lugubre.

– Ça prouve qu'on se passe très bien de moi !

– Pas moi, dit-il doucement, et les larmes me viennent aux yeux.

Dans le silence qui suit il me dit que Cecil a appelé deux fois, François-Xavier trois – il est revenu de son île – et qu'un prix Pulitzer veut écrire le roman de ma vie.

– D'accord ! mais après le dénouement !

Puis, honteuse, je tente de le rassurer ; tout va bien, la montagne n'a jamais été aussi belle, je me recompose à vue d'œil, je suis très entourée, j'ai même un amoureux ! Oui ! un peintre ! Il a fait mon portrait ! Il a beaucoup de talent ! Il a sept ans.

Ça me fait du bien d'entendre rire Aaron parce que je vais avoir beaucoup de douleur en convoquant les souvenirs qui suivent, et j'ai besoin de forces.

Je raccroche. Je tremble malgré le feu.

Je regarde la porte... un soir d'été quelqu'un

avait frappé, la porte était ouverte comme ce soir mais quelqu'un avait frappé pour s'annoncer.

– Entrez, a dit Papa, et Gwen est entrée et on a tous cru que c'était une fée qui nous visitait.

Belle.

On retenait notre souffle pour qu'elle ne s'envole pas. Elle paraissait très émue. Elle a demandé si elle était bien au Mazel, elle a mordu ses lèvres, et quand elle m'a vue, elle a eu un petit sanglot bref et a murmuré :

– La fille de Marion ?

Personne ne bougeait. Elle est venue à moi, elle s'est mise à genoux, son visage tout près du mien ; je sentais son souffle, je sentais son odeur claire, je n'avais jamais vu des yeux aussi bleus que les siens. Grands. Profonds. Jean s'est approché, ils se sont regardés, et Gwen n'est plus jamais repartie.

Comment aurions-nous pu nous passer de toi, ma chérie, ma belle, toi qui étais la jeunesse, la beauté, toi qui étais la résurrection ?

À propos de Résurrection, l'amorce de ce qui aurait pu être un drame prouva une fois de plus la grandeur d'Abraham.

En annonçant à son père son mariage avec Gwen, Jean lui avoua que le mariage n'aurait pas lieu au Temple.

– Je comprends, dit Papa, je comprends, Gwen est catholique...

Jean avait éclaté de rire. Gwen était née dans une famille bretonne qui bouffait du curé pour cause de saturation. Elle ne croyait pas en Dieu et se sentait incapable de faire semblant d'y croire, surtout devant quelqu'un qui avait la foi d'Abraham.

– Et moi-même, dit Jean à son père, tu n'ignores pas que je ne...

– Je sais. Et je vous remercie.

Il les remerciait d'être honnêtes.

Mais il était triste. Et lui qui n'avait pas bougé du Mazel pendant toutes les années de guerre descendit à Nîmes pour acheter des outils. Prétexte. Ces outils, il aurait pu les trouver chez Condusorgue, à moins d'une heure de chez nous. Ce voyage à Nîmes, c'était pour se reprendre, pour accepter une fois de plus ce qu'il regardait comme la volonté de Dieu.

Il nous revint, l'air paisible et serein, avec une bêche et un sarcloir neufs. En arrivant, il serra Gwen dans ses bras. Il l'aimait déjà de tout son cœur. Comme nous l'avions tous aimée dès le premier jour.

En remontant des enfers, Gwen avait repris possession de tous ses dons, de tous ses pouvoirs. Son arrivée au Mazel n'était pas l'arrivée d'une malheureuse cherchant un toit où poser sa tête, mais d'une force accomplissant son destin. « Gwen ? » disait Jean des années plus tard, en caressant la chevelure de feu de sa femme, « Un cador, une pointure, un premier monsieur ! » et il disait vrai.

Parfois mon regard s'arrêtait sur la profonde cicatrice que Gwen avait au bras gauche. Je n'ai jamais osé lui poser de question et jamais elle ne me parla de cette blessure. Mais je savais qu'elle venait de là-bas.

C'était dur pour toi de me raconter Maman. Tu te cognais sans cesse à l'horreur, tu te taisais, tremblante, préférant me cacher les crimes, épurant la vérité, sertissant les seuls souvenirs qui pouvaient rendre un peu de sa mère à la petite fille avide de détails que j'étais.

Maman était belle, Maman était drôle, Maman était courageuse, Maman m'aimait...

On avait regardé mon héritage qui était rangé dans la grande armoire de Maman Abraham.

Quelques calques dans un carton d'atelier. Le

dessin d'un flacon. Sous tous ses angles. Sur un des calques, un nom :

Presque Trop.

Et le flacon en personne.

Le flacon qui avait eu un prix. Le flacon dessiné par Maman.

On essaya vainement de l'ouvrir. Quelques gouttes ambrées nous narguaient en roulant au fond de la minuscule amphore de verre. Rose et tubéreuse ? Inaccessibles. Son bouchon à l'émeri résista à toutes nos tentatives.

Maman Abraham avait remis le carton et le flacon dans son armoire, là où elle avait serré mon héritage le jour où Marion le lui avait confié en même temps que moi.

Il doit y être encore...

– Il paraît que tu travailles bien ?

– TRÈS bien !

Gwen éclata de rire.

– Mais c'est vrai !

J'étais vexée, j'avais peur qu'elle ne me croie pas. Mais elle me croyait et c'était une joie pour elle. Elle était prof ! Prof d'anglais ! J'ai dit : « Chouette ! » et on a commencé à travailler, comme deux folles, tout de suite !

Elle m'a dit – en anglais *obviously* – qu'avec Maman, là-bas, elles se récitaient des poèmes. C'était bon pour le moral. La nuit, dans l'ombre, ou au travail et même pendant l'appel, en remuant à peine les lèvres. Du Keats, du Ronsard, du Nerval, des sonnets de Shakespeare. J'aurais voulu tout apprendre, tout de suite, mais Gwen disait : « *Slowly, honey, we have plenty of time* !* »

Plenty of time...

* Doucement, petit cœur, nous avons tout le temps !

Maintenant tu es couchée, là-haut, sous l'arbre noir, au milieu de nos tombes et de nos morts, toi qui étais la vie et la victoire.

Elle était comme moi, Gwen, elle n'avait plus du tout de famille. Personne. Mais on avait les Mazel et c'était ça, notre famille, on ne risquait rien parce qu'on avait les Mazel. Aussi quand le papier arriva, annonçant que la demande d'adoption, qui s'était promenée plus de deux ans de service pourri en commission tarée, était refusée, ce fut comme si la *SS Hohenstauffen* pointait à nouveau ses canons sur nous.

J'appris que la loi était formelle : il fallait me rendre. À qui ? Là n'était pas la question. J'aurais dû, depuis longtemps, être dans un orphelinat. On m'aurait trouvé une famille d'accueil. Mais je ne pouvais pas continuer à vivre dans la clandestinité...

Sic.

Maman Abraham et Papa étaient trop vieux pour m'adopter, Gwen et Jean étaient trop jeunes. Il allait falloir obéir à la loi, sinon les gendarmes viendraient me chercher pour la faire respecter.

Quitter le Mazel, ses odeurs, ses nuages, ses herbes, ses rochers et ses fayards, quitter les Mazel... Les miens. J'aurais dû mourir quand la pierre bleutée aux reflets jaunes m'avait mordue, quand l'*oberleutnant* avait compris qui j'étais.

Je les regardais. Pétrifiés. Vaincus. Puis il y eut ce cri :

– Personne ne me la prendra !

Maman Abraham.

– Les Allemands ne me l'ont pas prise, les Français ne me la prendront pas ! Personne ne me la prendra ! répéta-t-elle. Je préférerais me cacher avec elle dans la grotte comme aux temps du malheur ! Je n'ai jamais tenu un fusil. J'apprendrai ! Personne ne me la prendra ! *Jamaï !* cria-t-elle, retrouvant le patois de sa mère.

La douce, la silencieuse, la modeste... Une louve soudain.

Les autres n'osaient pas parler.

Mais elle, elle avait son idée.

– Une bonne idée, Abraham, écoute-moi ! On ne veut pas nous laisser l'adopter ? Bon ! Alors il y a une chose qu'ils ne pourront pas empêcher. Dis que tu es son père, son VRAI père. Reconnais-la !

Au bout d'un silence sidéré, Abraham murmura avec candeur :

– Mais... ce n'est pas vrai !

– Je le sais bien que ce n'est pas vrai ! Tu n'as pas besoin de me le dire ! Seulement, si tu la reconnais, personne ne pourra plus nous la prendre ! *Coumprenes ?*

Et comment qu'on comprenait ! On avait tous compris ! La première, Gwen est allée vers elle et l'a entourée de ses bras. Elle a dit : « Maman, oh ! Maman... » et je suis venue à mon tour et, en me serrant contre ces deux merveilles, j'étais bien près de croire en Dieu.

Mais ça n'a pas duré.

– Alors, maintenant, il faut vous appeler mademoiselle Mazel ?

– Eh oui ! répondis-je avec bienveillance à Madame Reverchon.

Elle faisait semblant de me supporter, mais je l'exaspérais toujours autant.

Mon âge l'exaspérait. Mon travail l'exaspérait. Mes résultats l'exaspéraient. Elle disait : « Ils l'ont forcée comme un fruit ! » en parlant de moi comme d'une poire. Elle ne pouvait comprendre ni leur joie de m'apprendre ni ma joie d'apprendre, elle pour qui enseigner avait toujours été un moyen d'emmerder le monde.

Après deux ans, d'internat pour moi, d'enfer pour Jean et Gwen que l'Académie transportait de sous-préfecture en préfecture au gré d'une indéchiffrable fantaisie, on se retrouva tous les trois dans un petit appartement rue Nationale à Nîmes. C'est-à-dire via Domitia, dans la Colonia Augusta Nemausensium, après leur nomination au lycée de garçons et au lycée de jeunes filles.

Bonheur de vivre avec eux, de pouvoir aller à la découverte dans une ville à la si formidable mémoire, bonheur de rêver dans les jardins de la Fontaine, au pied de la Tour Magne, ou sur le *pronaos* de la Maison Carrée. Bonheur de découvrir les trésors que Rome avait oubliés dans la terre des Antonin. Au musée, je restai longtemps devant une dame romaine. Elle était fraîche, parée pour aller à la fête, comme si on venait de la maquiller à l'instant même. Son teint était blanc de céruse, ses yeux soulignés de noir, sa bouche était rouge comme les deux ronds parfaits qui ornaient ses joues. Elle souriait, heureuse à l'idée de ce qui l'attendait.

Plaire.

Souvent je revins la voir. Le gardien plaisantait :

– Vous venez parler à votre amie ?

Je venais surtout l'écouter. Tâcher de comprendre le message muet de son sourire fardé.

J'avais découvert la garrigue à l'occasion des jeudis et des dimanches où je parcourais la terre des Mazets, accompagnée d'une jeune maîtresse d'internat. Les odeurs y étaient plus méditerranéennes que celles que je respirais en Cévennes. Elles subissaient différemment l'influence des saisons et du climat. Odeur ascensionnelle des daladers, des genévriers et des myrtes après la pluie, odeur écrasée des lentisques sous le soleil. Odeur du froid sur le maquis gercé par la bise. Beaucoup de ces plantes m'étaient inconnues, je les ramassais dans un vieux saqueton de toile puis j'essayais de les retrouver dans un livre de botanique que notre professeur de sciences naturelles m'avait prêté.

Avec le temps, Gwen me parlait davantage. Je devenais une jeune fille, elle avait moins peur de me blesser mais elle restait très discrète avec les souvenirs du camp.

Elle avait été si mal que personne n'avait cru qu'elle pourrait s'en tirer. Les brancardiers du Lutetia l'avaient emmenée à l'hôpital. Hôpital. Sana. Maison de repos. Peu à peu, elle avait repris goût à la vie. Boire de l'eau fraîche, mordre dans une pomme, laisser fondre un carré de chocolat sous la langue... Un jour elle avait ri en voyant un petit chat jouer avec une ficelle... Elle s'était levée. Était retombée en larmes sur son lit, avait régressé des mois, roulée en boule, retournant au camp dans sa tête, refusant de revenir parmi les vivants, refusant la Paix. Ça lui faisait trop mal d'oublier, d'accepter que les blessures ne soient plus que des cicatrices. Elle ne voulait pas effacer le souvenir des coups, des cris, de la faim, du froid, ni celui des camarades mortes.

Et surtout pas le souvenir de Marion. Ni de l'enfant dont Marion lui avait avoué l'existence, dernier secret.

Alors elle décida de me retrouver.

– Et, à partir de ce moment-là, j'ai été sauvée ! finissait-elle toujours par dire sans vouloir aller plus loin.

– Un jour, plus tard, je te dirai !

Je n'osais pas insister, j'avais confiance, un jour, plus tard, elle me dirait.

Et parfois c'était elle qui me posait des questions, qui voulait savoir si je me souvenais *d'avant*. Mon grand-père le colonel, par exemple ! Je fermais les yeux, tentais de remonter un temps opaque... l'odeur de Maman, oui, rose et tubéreuse... un bruit terrible, le passage puant et vibrant des autobus verts, gling ! un square, du pain au chocolat pour mon goûter, des pigeons qui s'envolent, vrrrou !, un vieux monsieur très gentil qui m'aide à leur donner du pain. Le colonel. Mon grand-père.

C'est tout.

Jamais je ne me posai ni ne posai à qui que ce soit la question que tous attendaient et à laquelle ils auraient été bien empêchés de répondre :

– Qui c'était mon papa ?

Mon papa, c'était Abraham Mazel, j'étais la sœur de Jean Mazel, professeur de lettres au lycée Alphonse-Daudet et c'est sous le nom d'Esther Mazel, mon nom, que j'eus mon bac de philo avec mention bien, *seulement* comme avait dit la Reverchon avec satisfaction.

Jean et Gwen n'avaient pas attendu que je sois bachelière pour me questionner sur mes projets d'avenir. Dans la famille point de salut hors de l'Université. Encore fallait-il savoir vers quelle discipline aller. Enseignement ? Médecine ? Pharmacie ? On me laissait libre mais on ne me cachait pas qu'à ma place on se dirigerait sans hésiter vers Normale Sup...

Et voilà qu'était venue l'heure du choix.

– Tu n'as que trop de dons, me dit Jean avec son air implacable.

– Il ne faut pas se tromper, si on se trompe, c'est pour la vie, ajouta Gwen.

J'étais troublée. Je rangeai mes affaires de lycéenne, fis un dernier tour dans Nîmes et m'en allai à travers la garrigue, loin derrière la Tour Magne, pour réfléchir.

Je m'étais assise auprès d'un chèvrefeuille d'Étrurie au parfum merveilleux.

Réfléchir.

Parfois le vent portait jusqu'à moi l'odeur de

pomme verte du rosier des chiens ou la pointe candide de l'aubépine à un style. Sous un ciel d'un bleu théologique, la garrigue se lisait en latin. *Lonicera etrusca, rosa canina, crataegus monogyna...*

Réfléchir.

Je levai les yeux vers le nord, vers les Cévennes invisibles. Vers ma montagne. Je pensais à Mémé. Mémé qui n'avait jamais su le latin mais qui parlait et entendait la voix de la nature. Mémé qui m'avait sauvée de la morsure du serpent. Mémé qui avait remis sur pied la brebis blessée.

– *Agripino te a la bartassine* !* criait-elle quand, au milieu d'un éboulis, je tendais la main vers la fleur inaccessible et que les pierres roulaient sous mes pieds.

Toute sa vie elle avait cueilli, trié, émondé, écossé ; toute sa vie elle avait fait sécher, bouillir, mariner ; elle avait filtré, tamisé, pommadé, enduit. Et elle avait guéri de la souffrance. C'était sa façon à elle de dire je t'aime à la Création.

Le don.

Les yeux baissés, les mains jointes sur ton tablier, que disais-tu dans ton silence, Mémé ? Quelle question posais-tu ? À qui ? Et quelle réponse recevais-tu ?

La réponse m'arriva avec le vent.

Réponse aussi suave que complexe. Réponse implacable et lumineuse. Je savais ce que je devais faire de ma vie.

Capter l'insaisissable. La fleur inaccessible.

Travail de parfumeur.

Le dimanche suivant, devant la famille réunie au Mazel, j'ai pris la Bible d'Abraham. Il y avait bien

* Cramponne-toi aux broussailles !

longtemps que je ne l'avais pas ouverte mais j'ai retrouvé tout de suite le cinnamome aromatique et le galbanum odoriférant ; j'ai lu : *travail de parfumeur* et ils ont tous compris que c'était ça ma vérité. On était très loin de Normale Sup mais ils n'étaient pas déçus ; on a même bu de la cartagène pour fêter ça et on a ri quand Jean a avoué à Papa :

– En la voyant prendre la Bible, j'ai cru qu'elle allait nous annoncer : « Je veux être pasteur ! »

– Le Seigneur a d'autres projets pour elle, a répondu Papa en souriant.

Et Maman Abraham a dit, l'air heureux :

– Les herbes, les plantes, les fleurs, tous les secrets, ça lui vient de Mémé.

Je fis deux années de chimie à Montpellier.

J'avais dix-neuf ans, j'étais heureuse de mes études bien qu'un peu déçue par la trop petite part réservée à *la plus audacieuse des industries chimiques... celle qui vise à reproduire de toutes pièces les suaves odeurs des fleurs**. Mais je me disais que les bases que l'on m'apprenait étaient nécessaires, indispensables, et que, plus tard, j'aviserais pour me diriger vers la parfumerie. Quel dommage de ne pas être née deux ou trois siècles plus tôt quand Montpellier était la reine-source des eaux de senteur ! Mais je finirais bien par trouver un interlocuteur responsable, un Charabot d'aujourd'hui, qui prendrait au sérieux mon désir de créer ; quelqu'un qui n'aurait pas le sourire supérieur, méprisant ou agacé qu'avaient mes professeurs quand je tentais de leur confier mes rêves de fleurs.

* Eugène Charabot, chimiste grassois du siècle dernier, auteur du livre *Les Parfums artificiels*.

Un automne somptueux, l'or et la pourpre ; je respirais la montagne de toutes mes forces avant de reprendre mes cours à la fac. Ce jour-là – je m'en souviens très bien –, Papa réparait le collier du chien devant la cheminée. Gwen et moi nous grattions les cèpes que nous avions cueillis à l'aube et Maman Abraham tricotait. Jean est arrivé d'Espériès avec le courrier, il a posé une grande enveloppe sur la table, il a dit :

– Une lettre de New York pour Esther, et on a tous été frappés de stupeur.

Un faire-part m'annonçait qu'un Monsieur Didisheim venait de mourir dans sa cinquante-neuvième année. Je ne savais pas qui était ce Monsieur Didisheim mais lui, après des années de recherches, lui, avait enfin retrouvé ma trace.

Gwen a posé son couteau sur la table, elle a dit :

– Daniel ?

J'ai fait signe que oui et, pendant qu'elle cachait sa tête dans ses mains, j'ai lu la lettre qui accompagnait le faire-part. À haute voix.

Elle était écrite par l'avocat du défunt et, dans un français parfait, courtois et désuet, elle m'annonçait que Monsieur Didisheim était mon père, qu'il l'avait ignoré pendant des années, qu'il avait tout fait ensuite pour entrer en contact avec moi, en vain.

« Hélas ! disait la lettre, votre père s'est éteint au moment où nous touchions enfin au but ! Dans ses dernières volontés, il m'a chargé de certaine mission auprès de vous. Et Madame Didisheim, sa veuve inconsolable, désire également vous rencontrer et s'entretenir avec vous... »

Tout ceci assorti d'un aller et retour Paris-New York, en 1re classe, sur Air France, et de tous les détails imaginables afin d'obtenir rapidement un visa pour les États-Unis.

– Je n'irai pas, dis-je en froissant la lettre.

– Tu iras !

Jamais Abraham ne m'avait parlé sur ce ton.

– Tu iras ! parce que c'était ton père, répéta-t-il.

– Je n'irai pas ! criai-je, au bord des larmes.

– Tu m'obéiras !

– Et pourquoi ?

– Parce que je suis ton père !

Là, on a tous éclaté de rire, même moi qui tremblais comme une feuille.

Daniel Didisheim...

– Je ne savais pas son nom, mais Marion m'avait dit son prénom.

Gwen avait pris ma main et je la sentais trembler elle aussi.

– Elle m'avait dit qu'il était marié, riche, américain, industriel, qu'il lui avait remis le Prix pour le flacon et que jamais elle ne lui demanderait quoi que ce soit pour toi. C'est tout ce que je sais de lui.

J'avais repris la lettre du *lawyer*. Aaron Goldstein. New York...

– Il te faut y aller, dit Papa tout doucement.

– Il doit faire froid là-bas, dit Maman Abraham, mais ça tombe bien, regarde, je viens de finir ton manteau avec la laine de nos moutons ! Tu seras toute belle pour découvrir l'Amérique !

Alors j'ai dit oui.

New York, New York !

« Le commandant Lasserre et son équipage vous souhaitent la bienvenue à bord du Super Constellation 1049 *Parisien Spécial* qui relie Paris-Orly à New York-Idlewild en passant par Gander... »

Suivaient des détails effarants sur notre vitesse de croisière, sur le nombre vertigineux de pieds jusqu'où nous allions nous élever...

Je ne regrettais pas d'être venue. Je captais tout. Avidement. Le bouclage de la ceinture, les lumières à ras du sol sur la piste noire, la longue promenade cahotante jusqu'au point fixe.

Vingt-trois heures et sept minutes, heure de Paris...

Décollage imminent.

Je m'envolai ! J'étais heureuse. Légère. Quelle aventure !

Mon premier verre de champagne n'était peut-être pas étranger à cette euphorie. Il m'aida sans doute à oublier la tristesse de la situation. Fille d'une morte, je volais vers un père mort pour apprendre de quelle rencontre furtive, de quelles amours inavouées j'étais le fruit.

Dans la cabine un lit était fait.

Mon lit. Je m'y endormis, tranquille, indifférente aux trous d'air ; je m'y réveillai, reposée, tandis qu'une déesse me tendait une tasse de thé au-dessus des nuages.

La situation était si étonnante que je ne m'étonnais de rien.

Ni de l'escale où l'on nous fit sortir pour nous dégourdir les jambes comme des petits chiens qui vont faire pipi, ni de l'arrivée des nourritures célestes fleuries d'une orchidée (*dendorbiam nobile*). On m'avait présenté le menu. Grandiose. On s'était inquiété de ce que je voulais boire : Chassagne-Montrachet ? Saint-Estèphe ? L'un ou l'autre ? L'un *et* l'autre si je le désirais ! À moins que je ne préférasse continuer au champagne ?

– Le roi n'est pas ton cousin, aurait dit Mémé.

L'hôtesse-déesse garda son sourire et sa fraîcheur pendant les dix-sept heures de l'odyssée. Je devinai une règle de fer derrière ce sourire et cette fraîcheur. Un jour je découvrirais la formule de cette magie. Un jour je la ferais mienne. Patience, Esther !

– Pour vous, mademoiselle...

La déesse me présentait un plateau chargé de plusieurs coffrets.

– Voulez-vous choisir un parfum ?

Je devais avoir l'air terrifiée par la proposition car elle précisa gentiment qu'il s'agissait d'un cadeau d'Air France.

Je ne pouvais pas choisir, c'était trop beau !

Je fermai les yeux, tendis la main et la refermai au hasard.

Shocking. Schiaparelli.

Le premier parfum qu'on m'offrait.

Avant d'oser l'ouvrir, je gardai longtemps au creux de ma paume le petit buste dessiné par Leonor Fini. Puis je dévissai le bouchon, fis tomber quelques gouttes sur ma peau et respirai le résultat de la rencontre.

Ambré. Fleuri. Boisé.

Travail de parfumeur...

Patience, Esther ! Un jour tes parfums sillonneront le ciel, eux aussi.

Par le hublot je vis le soleil se lever sur la mer, annoncer un nouveau monde...

Je n'avais, en fait de voyage, que l'unique et nauséabonde expérience d'un aller Nîmes-Paris en 3e classe. C'était très suffisant pour deviner qu'en posant le pied sur l'embarcadère d'Orly, j'étais partie pour une autre dimension.

Il devait avoir été bien riche, ce Monsieur Didisheim, pour conserver, depuis l'Au-delà, le pouvoir de faire voler sa bâtarde en Grand Luxe et Super Constellation ?

Qu'allais-je découvrir en découvrant l'Amérique ?

Un homme vêtu de gris souris m'attendait dès le passage de la douane. Avec un nom écrit sur une pancarte : ***Miss Mazel***.

Il s'inclina. Respectueux. Il devait s'occuper des bagages et fut étonné que je n'aie qu'un gros sac. Qu'il prit d'autorité, avant de m'escorter jusqu'à la monstrueuse limace noire qui m'attendait à la sortie. Ma première limousine.

Et là, debout devant la portière, un monsieur se présenta :

– Aaron Goldstein.

Distingué. Élégant dans l'austérité. Il me parut vieux. J'avais dix-neuf ans. Il avait l'âge que j'ai maintenant. Il me fit entrer dans l'incroyable voiture.

– Êtes-vous fatiguée ? me demanda-t-il en français.

– Je ne suis jamais fatiguée, répondis-je, et il sourit.

Ce sourire m'agaça. J'eus peur qu'il ne se

moque de moi. Je ne pouvais pas savoir que je venais de dire une des phrases les plus prononcées de son vivant par Daniel Didisheim.

Mon père.

– Il est tard, dit Aaron. Nous avons pensé, Madame Didisheim et moi-même, qu'une bonne nuit de sommeil vous ferait du bien avant la réunion du Conseil d'Administration de demain matin. Nous avons retenu pour vous un appartement au Waldorf-Astoria, vous pourrez dîner dans votre salon.

Je regardais des choses laides à travers les vitres. « Un appartement... Waldorf-Astoria... mon salon... » La limace sautait sur les ornières.

Puis je vis le paysage changer, devenir brillant, riche, scintiller. Nous étions dans New York.

Ça me plut tout de suite, comme si le rendez-vous avait été décidé depuis longtemps. Je pris les Klaxon des camions pour des sirènes de bateaux ; Aaron parlait, toujours en français, mais il n'était qu'un bruit de fond dans la symphonie qui m'accueillait et dans laquelle se perdit cette phrase : « Il m'a chargé de défendre vos intérêts. » Les voitures de police et de pompiers hurlaient sans répit, puis nous débarquâmes sur le pavé de Park Avenue devant la grande entrée du Waldorf, moi, mon manteau tricoté avec la laine de mes moutons, mes chaussures neuves et mon sac en bandoulière. Mon autre sac, le grand, passait de mains en mains, du chauffeur en gris souris au portier en beige et sable, puis au chasseur en livrée. J'entrai.

Et ce fut l'enchantement.

J'avais fermé les yeux et je respirais.

Le jasmin, l'œillet, le lys, la rose et la tubéreuse... avant de l'avoir vu j'aurais pu dessiner le bouquet démesuré, le bouquet plus grand que moi, qui accueillait les visiteurs dans le premier hall, en haut des marches.

– Vous n'êtes pas souffrante ? la voix inquiète d'Aaron me fit rouvrir les yeux.

– Le bouquet, lui dis-je. Je le respirais !

Il me dit plus tard qu'il m'avait aimée à partir de ce moment-là.

Dix-neuvième étage...

– L'appartement vous convient ?

Je fis signe que oui. J'étais sans voix.

Une suite... Oh ! très convenable et de bon goût. Il n'était pas question de me traiter comme une morue. Très convenable, mais j'avais quand même l'impression de débarquer chez la reine de Saba.

Avant de s'éclipser, Aaron me dit qu'il avait déposé quelque chose pour moi dans l'entrée.

– Vous aurez besoin d'un peu d'argent de poche, ajouta-t-il comme s'il s'excusait de se mêler de mes affaires.

J'étais sans voix.

Je demeurai seule, plantée sur la moquette, ahurie, étouffant de chaleur dans mon gros manteau. Je finis par l'enlever ainsi que mes chaussures, et je commençai l'inspection.

Une entrée, un salon, une chambre avec une penderie qui aurait suffi pour accueillir la garde-robe des sept femmes de la Barbe-Bleue, et une salle de bains qui me parut la pièce la plus fascinante du lot. Marbre clair où je me voyais comme dans un miroir. Robinetterie d'or. Non ? Si ? Peut-être ! Je touchai une manette et je fus inondée de la tête aux pieds. Heureusement un séchoir à cheveux était posé sur une coiffeuse juponnée d'organdi, à côté d'une déclinaison de flacons et d'une corbeille de petites choses enveloppées comme des bijoux : shampooings, lotions, savons, bonnets de douche, limes, peignes et brosses à dents. Je déballai tout, détestai le parfum des lotions, me lavai soigneusement les mains et sortis en entendant frapper à la porte.

C'était le dîner qui arrivait sur roulettes caoutchoutées et sous cloches d'argenterie.

Le valet avait déployé les bras de la table, tapoté la nappe raide d'amidon, recentré le vase de cristal avec son unique rose, aligné les couverts puis, après un dernier coup d'œil, il se retira en disant que si Miss Mazel désirait autre chose, Miss Mazel n'avait qu'à sonner, on était à la disposition de Miss Mazel, Monsieur Goldstein avait donné des ordres.

Des ordres et de l'argent de poche, pensai-je comme il refermait la porte derrière lui. Une épaisse enveloppe était posée sur le guéridon en marqueterie de l'entrée. Je l'ouvris et comptai.

Dix mille dollars.

Sans voix.

Je regardai dans la glace la petite paysanne aux joues hâlées avec une liasse de billets verts dans la main.

J'éclatai de rire.

Dix mille dollars !

Je n'en avais pas besoin. Avant mon départ, Jean m'avait remis quelques dollars et une poignée de *cents*. C'était très suffisant. Je remis la liasse dans l'enveloppe et la refermai. De l'argent de poche ! Dix mille dollars !

Je soulevai les cloches d'argenterie sur des nourritures compliquées, des pâtisseries gigantesques et des fruits dont je ne connaissais pas le nom. C'était somptueux tout en restant un menu pour enfant puisqu'il n'y avait pas une goutte d'alcool. De l'eau minérale et un soda dégueulasse, archi-sucré, que je vidai dans les cabinets pour ne vexer personne.

Le lit était entrouvert. Un très grand lit avec des draps fins et soyeux. Je dînai avec appétit. C'était quand même moins bon que sur Air France, et cela me fit tricolorement plaisir. Puis je fis une toilette soignée et interminable dans la salle de bains de marbre en utilisant toutes les bricoles offertes. Sauf les lotions au parfum infréquentable. Deux gouttes de *Shocking* derrière l'oreille... Je passai mon pyjama de pilou, me glissai dans la douceur des draps et m'endormis aussitôt.

Le pauvre Aaron eut grand-peur, le lendemain matin, en ne me trouvant pas.

– *Miss Mazel has gone out**.

Quand je le vis, affolé, mobilisant tous les concierges et les chasseurs pour les lancer à ma recherche, je fus désolée de l'avoir inquiété. Je venais juste de contourner le bâtiment, les Towers, le Waldorf, une île absolue. J'avais besoin de cette bouffée d'air vif relevée par une pointe de pourriture pour me réveiller complètement. Et puis, comme je l'ai dit, j'aimais déjà New York. Marcher la tête levée en tentant de compter les étages des *skyscrapers*** m'avait beaucoup amusée.

– Je suis prête, Monsieur, dis-je en arrivant près de lui, un *donut**** dégoulinant de confiture à la main.

– Dieu merci, vous êtes là !

De nouveau la limousine gigantesque et sinistre.

– Nous nous rendons à la *Didisheim Universal*

* Mademoiselle Mazel est sortie.

** Gratte-ciel.

*** Beignet.

Incorporated, me dit Aaron. Vous allez faire la connaissance de Madame Didisheim et du conseil d'administration. Est-ce que votre chambre vous a plu ? Est-ce que tout était bien ? Nous déjeunerons ensemble tout à l'heure, ce soir nous trouverons quelque chose à votre convenance, mais j'ai pensé qu'hier vous aviez besoin de vous reposer, bien que – il sourit, comme il avait souri la veille –, bien que vous ne soyez jamais fatiguée !

Il parlait vite, toujours en français, avec un accent distingué et des tournures provinciales dont je ne connus la provenance que des années plus tard. Il n'attendait aucune réponse, comme s'il redoutait que rien ne me plaise, ne me satisfasse, ne soit à ma convenance, ne m'agrée. Je le sentais nerveux, et je me demandais pourquoi.

– On va faire quoi, exactement ?

Cette fois, c'était lui qui devait répondre. Je le sentis embarrassé.

– La Compagnie a des dispositions à prendre, des révélations à vous faire...

– À moi ?

– Je ne peux pas vous en dire plus, je suis tenu par un devoir de discrétion. D'ailleurs nous arrivons et vous allez tout savoir.

Là aussi, il fallait lever la tête. En cet instant, la *Didisheim Chemical Universal Incorporated International so and so je ne sais quoi encore Cie* grattait très précisément un nuage depuis le toit en terrasse de son cinquante-septième étage. Du marbre partout, du verre, de l'acier, trois portiers qui se levèrent comme mus par un ressort en nous voyant entrer.

Troublant.

Dans l'ascenseur silencieux, j'entendis soudain hurler le vent comme il hurle sous l'Aigoual les jours de colère du ciel, et ça me fit du bien.

– Pourquoi souriez-vous ? me demanda Aaron.

– Parce que je me croyais chez moi !

– *You are**..., murmura-t-il comme la porte s'ouvrait devant nous sur le palier du cinquante-cinquième étage.

De nouveau des plantons, portiers, secrétaires, des moquettes où s'enfonçaient mes chaussures neuves, une dame austère m'enleva mon manteau de laine avec autant de précaution que s'il se fût agi d'une cape de zibeline, une porte à double battant s'ouvrit devant nous, et j'entrai dans le saint des saints.

Madame Didisheim. Elle présidait au bout de la table. D'abord, je ne vis qu'elle. Elle était l'image du deuil, du chagrin et de la dignité.

Une grande femme pâle toute de noir vêtue, noire depuis son chapeau de veuve jusqu'au bout de ses gants. Noire absolument. Et tellement triste.

Elle ne se leva pas, d'ailleurs personne ne se leva. Mais tous les regards étaient fixés sur moi.

– Miss Mazel, dit Aaron, et tout le monde hocha la tête comme pour saluer une catastrophe.

Ils me regardaient de façon indécente. J'étais l'enfant de la faute et ils me regardaient comme si c'était moi qui l'avais commise, la faute !

Il était question de lire une partie, une partie seulement, du testament.

La partie qui me concernait...

Ah, bon !

Tout ça se passait dans un français hésitant et pénible. Je faillis dire que je parlais parfaitement l'anglais, mais je me retins. C'était tellement plus amusant de les laisser se débattre, de vérifier ce qu'on me traduisait. Si je me taisais, ce serait moi qui mènerais le débat.

Je pris un air appliqué et innocent, à la limite du

* Vous y êtes...

crétinisme. Je vis que cela plaisait. Surtout à un grand garçon, qu'on me désigna être le neveu de mon défunt père et de Madame Didisheim. Vachement satisfait. Bellâtre. Odieux. Début prometteur d'adiposité. Il me regardait avec amusement, comme s'il disait : « C'est pas possible ! C'est ça, la fille de Daniel ? Cette gardeuse de moutons ! Non, je rêve ! Qu'est-ce qu'on va en faire ? »

Je tournais gauchement mes mains, je souriais niaisement. Je crois que j'étais parfaite. Madame Didisheim baissa les yeux.

Un vieux monsieur habillé monument aux morts et regrets éternels, assis auprès d'elle, toussota. Le *solicitor**. Aaron et le neveu se consultèrent.

– *I think we can proceed***, dit Aaron, et Madame Didisheim approuva d'un geste las.

La loi voulait que le texte fût lu en anglais. D'ailleurs ils n'étaient pas foutus de le traduire directement, moi si et j'appris que j'héritais d'une véritable fortune. Qui ne devait être qu'une infime partie de la fortune totale des Didisheim puisqu'il disait : *Sans léser mon épouse bien-aimée, Léa Didisheim, je laisse à la fille naturelle que j'ai eue d'une jeune femme française, Marion Lévi, morte en déportation, la somme de...*

Je ne me souviens pas du chiffre exact puisque la suite dira que je ne l'ai jamais touchée, mais il était énorme, ce chiffre. Surtout pour la fille qui ne savait que faire de ses mains et qui souriait niaisement en se disant : « Surtout n'aie pas l'air de comprendre. Laisse-les dans l'ignorance de ce que tu sais, de ce que tu es. » Comme aux temps des bergers de Gédéon, quand Abraham m'avait dit : « Tu ne sais rien ! Tu n'as rien vu ! On compte sur toi ! »

* Notaire.

** Je pense que nous pouvons commencer.

Alors on m'a traduit en français, plus exactement Aaron a traduit.

Il y a eu un grand silence.

J'ai baissé les yeux.

Madame Didisheim a bougé, au bout de la table, et s'est penchée à l'oreille de son voisin. Il a dit :

– Madame Didisheim est tout à fait d'accord avec les dernières volontés de son mari. Elle les approuve. Elle approuve également la condition...

La condition c'était que je m'appelle désormais Esther Didisheim. On ne pouvait pas donner tant d'argent à n'importe qui.

Ah bon ? J'étais « n'importe qui » ? Merci de me le dire ! Alors, en articulant très lentement, très poliment, avec innocence, j'ai répondu que je remerciais beaucoup, que j'étais très touchée qu'on m'ait offert le beau voyage, mais que c'était non.

Là, même ceux qui parlaient à peine français ont compris. Et ça les a réveillés. La gardeuse de moutons refusait le fric ! Impensable !

– Vous être bien comprise ? me demanda le notaire.

Oui, Monsieur, je être bien comprise. Je *no* vouloir sous.

Aaron ne disait rien. Il semblait soucieux. Madame Didisheim était de plus en plus pâle. À nouveau elle se pencha à l'oreille de son voisin, et lui dit quelques mots.

— Votre père a voulu, au moment de mourir, vous témoigner son affection et vous mettre à l'abri du besoin. Cela vaut bien la gentillesse de porter son nom, mademoiselle ! dit le *solicitor* après l'avoir écoutée.

Attendre la traduction, n'avoir l'air de comprendre qu'après la traduction.

Alors je pris mon souffle et, doucement, lentement, je répondis :

– Avant d'être arrêtée, puis déportée et, enfin,

de mourir où vous savez, ma mère m'a confiée à un paysan dans les Cévennes. C'est grâce à lui que je suis encore en vie, c'est grâce à lui que je me souviens de ma mère. Lui et les siens m'ont appris à respecter et honorer sa mémoire, à me souvenir que je suis juive. Cet homme a risqué sa vie et celle des siens pour sauver la mienne. En me reconnaissant comme sa fille, il est devenu mon père pour la loi comme pour mon cœur. Cela vaut bien « la gentillesse » de porter son nom, n'est-ce pas, plutôt que de porter celui d'un homme qui a mis bien longtemps à se préoccuper de moi ? Je porte le nom que m'a donné Abraham Mazel, et je le porterai toute ma vie. Je suis et je serai toujours Esther Mazel.

Un peu énervés les *gentlemen* qui n'étaient pas sûrs d'avoir compris. Madame Didisheim fit un geste de sa main gantée de noir, et Aaron traduisit. Sans une faute, sans un à-peu-près. La perfection.

Sidérés, ils étaient. Le neveu, lui, se retenait de rire. Il n'avait jamais rien vu de plus drôle ! Évidemment, je retournais à la case départ, je n'étais plus dans la course, je ne risquais pas de lui faire de l'ombre auprès de sa tante ! De moi-même je m'étais condamnée.

Je faillis cependant me trahir quand il se pencha vers elle et lui dit joyeusement :

– *Get rid of the little retard ! Give her a consolation prize ! Throw the hick a bag of money, and you'll have a clear conscience* !*

Il y eut un mouvement autour de la table. Le neveu ne devait pas avoir que des amis au sein du conseil d'administration. Madame Didisheim et Aaron s'étaient exclamés d'une même voix indignée :

* Débarrassez-vous de la demeurée ! Donnez-lui un prix de consolation ! Flanquez un paquet de fric au bouseux et vous aurez la conscience tranquille.

– Jonathan !

Moi je souriais toujours niaisement en contenant avec peine des envies de meurtre.

On ne se sépara pas tout de suite. On était devenus gentils avec la pauvre fille du « *hick* » qui était quand même aussi la fille du Président Didisheim. On essaya de la convaincre, de la retenir, de la raisonner, d'être généreux, patients, compréhensifs.

Est-ce que je me rendais bien compte ? *A bag of money* ! Contre un nom qu'on me *permettait* de porter ! Allons ! Il fallait que je réfléchisse ! On me donnait jusqu'à demain, mettons après-demain... d'accord ? La Didisheim était une *Chemical Cie*, mondialement connue. C'était intéressant pour une jeune fille qui faisait justement des études de chimie ! Je faisais des études de chimie, n'est-ce pas ? Bon, eh bien, ce serait formidable pour moi de vivre à New York ! de m'intéresser aux recherches de la Didisheim !

– Nous avons fait beaucoup d'argent grâce à la guerre ! m'assura un monsieur avec un bon sourire, et les autres approuvèrent en me regardant paternellement.

Je faillis vomir, parvins à garder mon expression idiote et demandai si la Didisheim avait un département cosmétiques. Un silence consterné me répondit. Il y avait bien eu une tentative de *cold cream* ou de *body lotion*, voyons, vers 1936, mais on n'avait pas donné suite. Demander au chirurgien qui vient de vous sauver un œil de vous mettre du mascara fuchsia sur les cils n'aurait pas été plus scandaleux. Pauvre petite ! Pauvre Daniel !

– Elle va réfléchir, dit Aaron pour me ménager une sortie.

Madame Didisheim se taisait. Elle regardait ses

* Un paquet de fric.

mains gantées de noir et ne leva plus les yeux vers moi.

L'entretien était terminé.

Pour moi c'était tout réfléchi.

Ils pouvaient le garder leur argent.

Je voulais rentrer chez moi. D'ailleurs tous me faisaient horreur autour de cette table de verre et d'acier.

Tous. Sauf un.

Aaron.

Je suis restée trois jours à New York avant d'avoir une place sur le *Golden Parisian* qui devait me ramener en France. Trois jours pendant lesquels Aaron m'a à peine quittée. Il était désolé de me voir refuser l'héritage et honteux de n'avoir pas su « défendre mes intérêts ». Il tenta une dernière plaidoirie devant des œufs *Benedict*, rencontra mon regard et se tut. Il haussa les épaules. Il était sincèrement désolé et, en même temps, je sentais que ma réaction lui plaisait.

Il me dit à quel point Didi et lui avaient été proches. Didi ? Daniel. Daniel Didisheim. Les initiales, en anglais, ça faisait Didi.

Il était touchant dans sa manière de vouloir réhabiliter son ami à mes yeux. Il était précieux aussi, car il avait été l'unique confident des brèves amours de Daniel et de Marion.

– Il faut comprendre, Esther, et lui pardonner ! Didi était un homme de devoir, il a épousé Léa, sa cousine, parce qu'il fallait un homme de son caractère à la tête de la Didisheim. Il n'a jamais été amoureux d'elle, mais il a été un bon mari jusqu'au jour où il a rencontré votre mère...

– L'affreuse Marion, briseuse de ménage !

– La merveilleuse Marion, si belle, si drôle, si... Qu'est-ce qu'il y a, Esther ?

Je ne pouvais retenir mes larmes. Parlez-moi, oh ! parlez-moi de Maman, si belle, si drôle, si...

– Il n'a su que vous existiez que peu de temps avant de mourir... Par hasard. Il voulait tellement vous retrouver ! Il a tout avoué à Léa, et elle l'a aidé dans ses recherches ; je les ai aidés aussi. Ce fut long, pénible, vous n'imaginez pas...

– Pour Maman aussi, ce fut long et pénible, vous n'imaginez pas !

– Je sais. Pardon, Esther...

Quelle patience il a eue ! Lunch au Plazza, dîner au Waldorf. Entre les deux, Empire State Building puis statue de la Liberté, tour de Manhattan en vedette, visite à Wall Street, Metropolitan, musées, Central Park... Il m'a traînée partout avec mon gros manteau. Jamais gardeuse de moutons ne fut traitée comme je le fus par lui pendant ces trois jours.

En reine.

Chaque matin je sortis pour acheter mon *donut* à la confiture et découvrir de nouveaux *skyscrapers* dont les styles déments, gothique, classique, Renaissance ou métallique, me ravissaient.

Au même endroit, à la même heure, je croisais une vieille clocharde souriante qui poussait devant elle un débris de voiture d'enfant chargé de guenilles. Elle était plus maquillée qu'un vase crétois et ses joues ornées d'un rond vermillon sur fond de céruse me rappelaient la Romaine du musée de Nîmes. Cette misère peinte et souriante avançait sans trouble au milieu des limaces-limousines des stars dont je ne savais pas le nom mais dont je devinais la gloire dans les yeux des passants, et des milliardaires reconnaissables à leur air soucieux.

Aaron profita des trois jours que dura l'attente pour me lâcher des informations sur ce qu'il appelait « ma famille ».

Léa était plus âgée que Didi. Elle l'aimait follement, lui l'aimait bien mais, quand il l'épousa, il ne regarda plus les femmes autour de lui jusqu'au jour où il vint à Paris...

– Et c'est là qu'il a rencontré Maman ?

La question l'étonna. Il pensait que je le savais.

Comment aurais-je pu le savoir ?

– Il a remis un Prix à votre mère... Un Prix pour un flacon qu'elle avait dessiné.

– *Presque Trop*..., murmurai-je.

– *Presque Trop* ! répéta-t-il. Ça, au moins, vous le savez !

– Je le sais et même j'ai le flacon. C'est mon seul héritage.

– À propos d'héritage, si vous changez d'avis, il est encore temps.

Je posai ma main sur la sienne.

– Parlez-moi de Maman...

Il baissa la tête et n'insista pas.

Didi lui disait : « Marion était une fête... une force ! Personne ne pouvait lui résister. Pas seulement à cause de sa beauté... »

– Il paraît.

– Pas de souvenirs ?

– Si, lumineux, mais j'étais bien petite... et puis vous savez, Monsieur, je n'ai aucune photo de ma mère.

– Ne m'appelez pas « Monsieur ». Je suis Aaron, le meilleur ami de votre père !

Je me penchai vers lui :

– Mettez-vous bien dans la tête, Aaron, que je n'ai qu'un père ! Abraham Mazel ! Alors quand le neveu a dit : *Get rid of the little retard ! Give her a consolation prize ! Throw the hick a bag of money, and you'll have a clear conscience !...*

Aaron éclata de rire.

– *So, you understand english ?*

– *And I talk like Shakespeare, but only with people I respect* !*

– Daniel vous aurait adorée ! Vous êtes forte, Esther Mazel !

– Bien obligée !

Aaron m'avait regardée avec émotion :

– Vous avez dû avoir faim pendant la guerre ?

Faim ? Non, je n'avais jamais eu faim au Mazel. Personne n'avait eu faim au Mazel. Ni moi, ni les bergers de Gédéon, ni aucun des passagers furtifs qui empruntèrent le souterrain pour aller se battre ou fuir vers la liberté.

Il avait fallu cette question pour que je découvre cet autre aspect de la générosité des miens.

– Beaucoup de gens ont souffert de la faim, en France, mais pas dans la maison d'Abraham Mazel.

– Abraham Mazel, répéta Aaron, je voulais vous demander : il est d'origine juive ?

Papa ? Juif ? J'éclatai de rire.

– Il est protestant comme s'il avait inventé le protestantisme !

– Mais ce nom, Mazel...

– C'est le nom d'un martyr de la guerre des Cévennes, sous Louis XIV.

– Mais, Mazel... vous savez bien ce que ça veut dire ? Mazel ! Voyons ! Mais c'est la chance !

– La chance ? Et vous voudriez que je change de nom ?

– Vous êtes forte, Esther Mazel, répéta-t-il, et le Seigneur vous protège.

* – Ainsi vous comprenez l'anglais !
– Et je parle comme Shakespeare, mais seulement avec les gens que je respecte !

Alors, là, j'ai mis les pendules à l'heure, très nettement :

– Je ne crois pas en Dieu, Aaron, et ce n'est pas la faute d'Abraham, il m'a appris à lire dans la Bible. J'aurais peut-être cru en Dieu si ma mère était revenue de l'enfer... Et vous ? Vous croyez en Dieu ?

– J'ai cette chance, répondit-il doucement.

– Mazel, dis-je encore plus doucement.

J'avais remarqué qu'il boitait. Par intermittence, comme si, parfois, un court-circuit bloquait sa jambe gauche. Il m'avoua timidement que c'était un cadeau des Japonais. Il avait été pilote de chasse pendant la guerre.

– Et Didi ?

Didi n'avait pas été mobilisé. Il s'était occupé de ses affaires, ces affaires qui avaient rapporté tellement d'argent grâce à la guerre.

– Il avait onze ans de plus que moi !

Toujours ce besoin d'excuser son ami ! De me le faire accepter, aimer !

Je lui rendis, intacte, l'enveloppe avec « l'argent de poche ». Il disait : « C'est à vous ! » Je secouais la tête : « Pas question ! » Lui : « Je virerai la somme sur votre compte ! » Moi : « Je n'ai pas de compte ! » Lui : « J'insiste ! » Moi : « Je refuse ! »

Il a levé les bras au ciel, vaincu.

– Une éducation protestante sur une fille de David, ça vous fait deux fois la nuque raide !

– Au moins !

On a ri. Il a dit que j'allais lui manquer. Qu'avec moi, il retrouvait un peu Didi. Il m'a demandé si je voulais voir Madame Didisheim avant de partir. J'ai dit que non.

J'avais hâte de m'en aller, de reprendre mes études, de classer, trier, développer mes découvertes, mes impressions, de retrouver ma montagne et les miens, de quitter cet épisode onirique si loin de la réalité. D'exister. Moi. Esther Mazel. Et pas parce qu'une bande de richards et de planqués me faisait la charité en mémoire de Didi.

Je ne savais pas encore à quel point cet épisode de ma vie m'avait secouée, fragilisée, mais je voulais me sauver. C'est bien le mot : me sauver.

À l'aéroport, Aaron me tendit une enveloppe.

– Encore !

– Non, ce n'est pas de « l'argent de poche » ! C'est quelque chose de bien plus précieux, de bien plus rare, qui vous dira mon amitié. Mais vous n'ouvrirez l'enveloppe que quand vous serez *above the clouds*.

J'ai obéi et j'ai attendu que nous soyons au-dessus de la couche de nuages, sur un infini de blancheur irréelle pour regarder cette chose si précieuse et si rare...

Une photo de Maman.

Cette photo de Marion accueille les femmes dans les Instituts Esther Mazel du monde entier.

Cette photo, c'est l'image même de la joie de vivre, du bonheur et de l'espoir en la vie.

La jeune femme promise à une mort affreuse quelques années à peine après le moment où le cliché a été pris semble sourire à l'avenir qui l'attend.

Grâce à cette image éclatante, grâce à ce cadeau d'Aaron – je devrais dire grâce à ce cadeau de Léa, car c'est elle qui lui confia pour moi la relique trouvée dans le portefeuille de Daniel le lendemain de sa mort –, je puis penser à Maman et la revoir telle qu'elle était le jour où elle m'embrassa pour la dernière fois sur le seuil du Mazel.

Je n'avais évidemment pas dévoilé à Papa ni à Maman Abraham le détail de l'héritage Didisheim, ni surtout pourquoi je l'avais refusé. Je leur avais seulement raconté que la veuve du monsieur qui était vraisemblablement mon père avait voulu m'offrir un beau voyage en mémoire de lui.

Je fus un peu moins discrète avec Gwen et Jean. Ils ne furent pas surpris par la décision que j'avais prise. Jean me dit seulement :

– Papa aurait compris, tu sais.

– Oui, mais pas moi ! répondis-je et on ne parla plus des dollars de Monsieur Didi.

Il me fallut plusieurs jours avant d'avoir la force de montrer la photo de Maman à Gwen. Je me doutais du choc que j'allais lui faire. Ce fut bien plus terrible encore, et c'est moi, la petite Esther, qui la berçai dans mes bras et essuyai ses larmes en sachant que jamais je ne la consolerais de l'irréparable.

Après se situe la période la plus regrettable de ma vie.

Je suis tombée amoureuse d'un con.

Mais alors, vraiment. Je veux dire vraiment amoureuse, et vraiment con.

Beau garçon, bien sapé dans une période qui sentait encore la pénurie, avec un papa riche et une maman qui le lustrait chaque matin comme l'Alfa Romeo qu'il avait reçue pour ses vingt ans. Et toutes les filles à ses pieds à la fac. Et lui qui me remarque, moi, la raïole, alors que tout le Quai de la Fontaine de Nîmes et tout le Clapas de Montpellier faisaient la danse des sept voiles – mères comprises – autour de lui.

Il était en pharmacie. Il hériterait de la belle pharmacie de son papa, qui l'avait héritée de son pépé, il hériterait de la belle maison ouvrant sur un jardin de la rue de la Loge. Il portait des jacquards comme Jean Marais dans *L'Éternel Retour*, des semelles de crêpe qui lui permettaient d'arriver sans bruit, de m'embrasser dans le cou et de rire, supérieur, quand je me débattais, surprise. Flattée. Il était le fils Chose. Il était déjà quelqu'un avant d'exister. Les Chose, c'était pas rien dans Montpellier. Les Chose avaient des sous.

Bien sûr, moi, les sous, je m'en foutais. Je venais de refuser une fortune, je n'allais pas rêver des sous des Chose. Mais le profil romain de leur héritier, son odeur (*Old English Lavender*), son hâle permanent (Palavas et le bateau de Papa l'été, l'Espérou et la neige du chalet de Maman l'hiver) avaient éveillé en moi une curiosité qui, hélas ! se trouva comblée rapidement.

Il m'aimait. Il me l'avait dit. Je serais Madame Chose. Il me l'avait juré. Aussi me retrouvai-je enceinte, et sûre de l'être, le matin même où j'appris, par le journal, ses fiançailles avec la fille des biscuits Goulard.

Et là, j'effaçai une connerie par une autre, beaucoup plus grave, irréversible.

Je décidai de ne pas avoir l'enfant de Chose. J'en savais assez sur les herbes pour obtenir le résultat que je cherchais. Ma compagne de chambre me trouva agonisante, dans une flaque de sang, me fit hospitaliser, prévint Gwen, et eut la délicatesse de garder pour elle ce qu'elle avait vu.

Le docteur était jeune et méchant.

Pas d'anesthésie. Je ne la méritais pas.

Je crus mourir de douleur, ce fut la voix de Gwen qui me réveilla. Elle criait si fort que je pensai qu'elle était en train de tuer le docteur, et ça me fit du bien. Elle me ramena à Nîmes en ambulance. Elle ne me fit aucun reproche. Ni elle, ni Jean. Ils avaient de la peine pour moi. Et ils avaient peur.

Ils avaient raison d'avoir peur.

Je venais de détruire une partie de moi-même.

Et, aujourd'hui encore, plus de vingt ans après, je ne peux penser à ce moment de ma vie sans avoir horreur de moi, de ce que j'ai fait, de ce que je paie encore et que je paierai jusqu'à mon dernier soupir. Une douleur auprès de laquelle le curetage sans anesthésie n'est rien qu'un mauvais moment à passer.

Voilà. Avant de rencontrer Paul, avant de le connaître, de l'aimer et d'être aimée de lui, je l'avais déjà perdu.

Tristesse.

« Cette tristesse ouvrit son âme au sentiment des arts », dit Stendhal.

La tristesse m'a toujours conduite à la célébration des parfums. Une goutte odoriférante est pour moi un univers où je voyage bien plus loin que Lucien Leuwen ne voyagea jamais à travers l'Italie.

Je m'enfermai dans le travail comme au secret d'une forteresse.

Je lus tout ce qu'on pouvait lire sur le parfum. TOUT. Je voulus tout savoir. TOUT. Des travaux de Septimus Piesse à ceux de Symphorien Champier, de la macération à chaud à l'enfleurage à froid, des récits de Pline l'Ancien aux plus récentes découvertes de la chimie. TOUT. Je préparais la pâte des Sultanes aux côtés de César Birotteau, je m'aspergeais de Baudelaire, je versais des larmes de benjoin sur les Martyrs en respirant l'odeur du dictame, je rêvais de pomanders et d'oyselets de Chypre, je m'enduisais l'esprit de Graisse d'Ours des Alpes et de Crème de Rose au limaçon, je m'étonnais devant l'Eau de Pucelle avant de m'immerger dans l'Eau Admirable... Bref, j'étais folle à lier.

Je créerais un parfum.

Je savais quel parfum.

Je le traquais partout. Dans les livres, sur les gradins des amphithéâtres, dans les cornues des laboratoires, dans la rue, dans la garrigue.

Et surtout, dans la montagne.

Je le respirais depuis l'enfance. Il était l'essence même des Cévennes, l'huile sainte inventée par la nature, l'α et l'ω de mon souffle.

Avant de l'avoir fait, ce parfum, je le sentais déjà. Je le connaissais. Je le composais dans ma tête, je le jetais sur le papier :

Armoise, absinthe, aspic, lavande, arnica, lentisque... sans oublier le myrte, l'hysope et la sauge sclarée, la feuille de violette et la fleur d'oranger.

Hélas ! je n'avais aucun moyen de donner vie à mes rêves. Les odeurs tournaient à l'aigre, pourrissaient, moisissaient, cadavres secs ou gluants d'une inaccessible symphonie.

Moi aussi, je virais à l'amertume. Je me raccrochais à des serments idiots du style : le nom d'Esther Mazel sera célèbre dans le monde entier ! Je deviendrai plus riche que Didi ! J'inonderai la terre entière de mes parfums !

Des bêtises. De la tristesse...

Et puis il y a eu ce fameux dimanche où la fac a organisé un voyage chez un courtier en parfums dans les Alpilles.

Un car de vingt places.

On était trois.

Il faut dire que la plupart des étudiants en chimie méprisaient le *travail de parfumeur*. Faire des médicaments, des engrais, des bombes au besoin, ça c'était noble. Le parfum ? ça, c'était futile !

Les deux autres passagers du car étaient amoureux. Ils disparurent pour s'embrasser jusqu'au soir derrière une haie de cyprès.

Je restai seule avec les courtiers. Un très vieux couple aux yeux bleu lavande, aux cheveux blancs, au front hâlé. Aaron m'avait appris le sens de mon nom, ils me dévoilèrent celui de mon prénom.

Le myrte.

Je ne les vis pas vingt fois dans ma vie et, hélas ! ils moururent bien trop tôt. Ils n'ont pas pu mesurer la portée du cadeau qu'ils me firent en me permettant de revenir balbutier dans leurs cornues, en me laissant respirer l'armoise et la mousse d'arbre rangées sur leurs rayons. En me parlant. En m'écoutant. En me faisant confiance. En me donnant confiance. J'aurais voulu qu'ils sachent que cette confiance avait été bien placée. Mais je crois qu'Hector et Julie n'avaient besoin d'aucune preuve.

Ils savaient.

Ils moururent en pleine floraison des myrtes. Personne ne me prévint ; eux seuls auraient pu le faire. Quand je revins avec des senteurs et des projets plein la tête, une ébauche de parfum dans un flacon au fond de ma poche, je trouvai la maison fermée avec une pancarte À VENDRE sur la porte que j'avais toujours connue grande ouverte.

Je m'assis sur le banc de pierre, sous la vigne alourdie par des grappes que personne ne ramasserait. Les mauvaises herbes avaient déjà envahi le jardin.

Je sortis le flacon de ma poche, l'ouvris, respirai l'invisible, en fis tomber quelques gouttes, comme des larmes, sur la terre qu'Hector et Julie avaient aimée d'un même amour. La mort venait de me les prendre, mais ils avaient eu le temps de m'accueillir dans les mystères du *travail de parfumeur*. Ce qu'ils m'avaient donné, personne ne me le reprendrait.

Trop tard, le bien était fait.

L'édition des œuvres complètes de Mr William Shakespeare printed for C. Hitch & L. Hawes, J. & R. Tonson, B. Dod, J. Rivington, R. Baldwin, T. Longman, S. Crowder & Co, W. Johnston, C. Corbet, I. Caston and B. Law & Co, MDCCLX arriva pour mes vingt et un ans avec un mot signé Aaron Goldstein et une citation recopiée de sa main de la folie d'Ophélie :

*There's rosemary, that's for remembrance ; pray, love, remember : and there is pansies, that's for thoughts**.

Gwen lisait par-dessus mon épaule.

– Comment a-t-il su ? murmura-t-elle.

Je la regardai, elle était pâle, ses mains tremblaient.

– *That's for remembrance*... notre signe de ralliement avec ta mère... pendant l'appel, nous le disions à bouche fermée... ce monsieur doit t'aimer beaucoup, Esther.

Oui, il m'aimait déjà beaucoup. Il m'aime toujours. Il a bien du mérite.

J'avais vingt et un ans.

Majeure. Citoyenne.

– Ça demande une fête, a dit Papa.

La fête eut lieu au Mazel, si l'on peut appeler « fête » une réunion où tant de noms manquaient à l'appel. Gédéon, qu'une grippe avait emporté en 55, la cousine de Valleraugue que je n'avais jamais vue, les cinq garçons qui étaient morts le jour où brûlait la Borie Poujol... et tant d'autres dont on avait perdu la trace pour la bonne raison qu'on avait rarement su qui ils étaient, clandestinité oblige. On

* *Voici du romarin, c'est pour le souvenir ; je t'en prie, ami, souviens-toi : et voici des pensées, pour que tu penses à moi !*

put quand même inviter les quatre bergers de Gédéon. Celui qui m'avait appris *Pussy Cat, Pussy Cat* ne répondit pas. Le boulanger non plus. Il était tombé pendant la bataille de Colmar devant les portes de sa ville. Une lettre de sa sœur nous l'apprit la veille de la fête.

Il restait un peu de farine de la dernière moisson dans le champ du monsieur de Varsovie qui vivait maintenant à Milwaukee, Wisconsin.

Il faisait encore nuit quand je me mis à pétrir, comme un vrai boulanger.

« Moi, je t'apprendrai à faire le pain ! »

Je n'avais pas oublié la leçon. Je pris la farine... une pincée de sel, une goutte d'eau. En mémoire de Joseph. Pour que l'odeur vivante et tiède du pain le rende présent parmi nous jusqu'à la dernière miette.

Il faisait beau.

Le premier berger qui se présenta était sorti de Polytechnique dans la botte. Très chic. Il vint accompagné de sa femme. Elle était tellement enceinte que je crus qu'elle allait accoucher sous la parole *Vous ne savez ni le jour, ni l'heure*. Je la trouvai insupportable. Elle l'était. Très chic aussi. À l'aise. HSP* et Quai de la Fontaine, du genre « bonne-maman de Ceci... », « mon oncle le pasteur de Cela... » et « Tonton Couve ». Rarement vu quelqu'un d'aussi futile et superficiel. Une sotte. Ça l'avait bien aidée quand elle transportait des pains de plastic sous des glaïeuls et des courgettes en sortant du lycée en 44. Formidable. Mais qu'est-ce qu'elle m'agaçait, l'héroïne !

– Socquettes, couettes, bébête, je passais partout au nez des Allemands ! dit-elle en riant, puis elle reste bouche ouverte, sidérée devant l'invité qui se tient sur le pas de la porte.

* Haute Société Protestante.

Mon prof de latin. En soutane.

– Ça alors ! dit Abraham en le serrant dans ses bras. Curé ! Toi, Jacques ! Tu es curé !

Papa a l'air joyeux. Tout le monde s'embrasse. Il faut dire que c'était la première soutane qui entrait au Mazel depuis que le Mazel existait. Beau gosse, le curé.

Je l'ai revu à San Francisco il y a trois ans. Il est maintenant évêque, et il est toujours aussi beau gosse. J'étais venue pour inaugurer mon dernier Spa dans les Rocheuses, Jacques pour participer à un congrès épiscopal. Quand on s'est aperçus dans le hall de l'hôtel, lui au milieu de ses prélats de luxe, moi au milieu de mon escadron de beautés fatales, on a poussé le même cri de joie. On a couru dans les bras l'un de l'autre, on s'est embrassés comme quand j'étais petite et qu'on récitait du Virgile au bord de la grotte pleine de fusils. La photo de ce baiser a fait le tour du monde avec des légendes imbéciles du genre : « Rencontre de la reine Esther et d'un prince de l'Église. » Je ne sais pas si ça a été bénéfique pour Jacques, du côté de ses curés, mais en ce qui me concerne, les ventes ont grimpé comme le mercure dans le thermomètre d'un fiévreux *in articulo*. Aux dernières nouvelles il paraîtrait que Jacques a des chances de devenir pape ! Je n'ose prétendre que c'est à cause de moi, mais ça me plairait bien d'avoir ma chambre au Vatican.

Je dis des bêtises et je ne me fais pas rire.

Le vent s'est levé et caresse doucement le blé en herbe. Je voudrais voir mûrir ses épis...

Le ventre... le ventre de la femme enceinte. Je pensais à ce que j'avais vécu, au jeune et cruel docteur, et ce ventre rond, accompli, heureux, me faisait mal. C'était ce ventre que je ne pouvais pas supporter.

Elle dit soudain :

– Ça sent bon le pain !

Abraham venait de le poser, tout chaud, sur la table et, à la surprise générale, il demandait au curé de le bénir.

– Non ! se défendait Jacques, c'est à vous de le faire, Monsieur Abraham !

– Joseph était catholique, a répondu Papa, Esther l'a pétri en mémoire de lui !

– Oui, mais ça peut gêner Esther, a dit la sotte plus Quai de la Fontaine que jamais.

On l'a tous regardée et elle a ajouté à mi-voix, comme si elle parlait de quelque chose de sexuel :

– ... le signe de la croix, ça peut gêner Esther !

Je l'ai tout de suite mise à l'aise.

– Esther s'en fout !

– Esther !

Papa avait pris sa tête de Réformateur, Gwen et Jean évitaient mon regard, le curé était au supplice, tandis que des anges de toutes confessions passaient avec de grands bruissements d'ailes.

J'avais honte. J'aurais aspergé le pain d'eau bénite si ce geste avait pu effacer mes paroles. J'étais pétrifiée. Je me sentais odieuse. Méchante. Bête. Seule.

Là-dessus Maman Abraham est entrée, elle a dit de sa voix douce : « Je vous ai fait la soupe de Mémé ! » et le polytechnicien a éclaté en sanglots.

J'étais sauvée. Je ne le méritais pas, mais personne n'eut la cruauté de me le faire sentir.

Le lendemain je me suis levée avant le jour. Je savais où je trouverais Abraham. Il irriguait le potager, ouvrant avec sa bêche de petits canaux dans la terre meuble séparant les carrés de légumes. Il ne me vit pas arriver. Il avait l'air soucieux.

Vieux...

Soudain il broncha sur une pierre et je crus qu'il allait tomber. Je faillis courir vers lui mais je me retins à temps, il n'aurait pas aimé que je sois témoin de sa faiblesse.

Dans peu de temps il ne pourrait plus s'occuper de son jardin, de ses quelques bêtes, ni lui ni Maman Abraham n'auraient la force de tenir le Mazel, et personne ne les remplacerait dans les tâches qui avaient été celles de la famille depuis des siècles. L'intellectuel quitte la terre, le savoir désertifie les campagnes, bonjour les ruines...

Il s'était penché pour arracher une poignée de mauvaise herbe, en relevant la tête il regarda autour de lui et me vit.

Je m'approchai mais je n'osais pas l'embrasser. Il posa la main sur mon épaule et nous fûmes nous asseoir sur le banc de pierre contre la maison, face au levant.

– Il ne va pas tarder, dit-il comme si le soleil avait pris personnellement rendez-vous avec lui.

La pierre du banc était froide, elle aussi attendait.

– Qu'est-ce qu'il y a, mon petitou ? Tu as du chagrin ?

Il parlait doucement.

Je ne répondis pas, je fixais *the very place* d'où jailliraient les premiers rayons.

– Personne n'a été méchant avec toi quand tu es allée en Amérique ?

Pourquoi me demandait-il ça ?

– Ça ne date pas d'hier... depuis que tu es rentrée, je te sens parfois malheureuse. Tu regrettes peut-être d'être revenue ?

J'ai éclaté de rire et il a eu l'air rassuré.

– Parce que, si quelque chose ne va pas, je suis là !

– Papa... – je glissai mon bras sous le sien –, tu sais ce que ça veut dire Mazel, en hébreu ?

– La chance, répondit-il aussitôt.

– Mais comment le sais-tu ?

J'étais surprise.

– Il y a des années, tu étais encore bien jeunette, je suis allé à Nîmes parler avec le rabbin. Je voulais le questionner à ton sujet, lui expliquer qui tu étais, ce qui était arrivé à ta maman et lui demander conseil puisque tu ne...

– ... puisque je ne voulais pas entendre parler de Dieu.

– Voilà.

– Les outils ? C'était le prétexte ?

– Tu te souviens ?

– Une bêche, un sarcloir.

Il sourit puis se tut, pensif.

– Et qu'est-ce qu'il t'a dit, le rabbin ?

– Il m'a dit de laisser faire, d'avoir confiance. C'était juste avant le mariage de Gwen et de Jean, le même jour j'étais allé voir le pasteur pour lui dire qu'ils ne voulaient pas se marier au Temple. C'est drôle, il m'avait répondu la même chose ! Que Dieu avait toujours le dernier mot.

– Et c'est le rabbin qui t'a révélé le sens de Mazel ?

– Oui. Il pensait que j'étais juif, ou que je l'avais été ! Remarque, si on remonte à quelques milliers d'années, il n'avait pas tort ! Mazel... la chance, répète-t-il avant de me confier avec mélancolie : J'ai toujours regretté de n'avoir pu apprendre l'hébreu...

J'ai embrassé sa main dure et sale, et il s'est fâché.

– Laisse ça ! Je suis plein de terre et de boue !

Puis il ne s'occupa plus que du soleil qui sortait de la montagne, magnifique, chaud, me dit : « Il va faire encore plus beau qu'hier ! » et se remit à son jardin.

– Agréable...

Je sursaute comme si un taon venait de me piquer.

– Je parlais du parfum..., précise le garçon en voyant la tête que je fais. Le *parfum* est agréable. *Lui*.

Puis il me tourne le dos et s'en va vers la salle de conférences sans plus s'occuper de moi.

Quelqu'un a remarqué mon parfum.

Mon brouillon de parfum. Mon brouillard de parfum. Quelqu'un l'a remarqué. Et je l'ai fait partir... Bien fait pour moi. Ça m'apprendra à être odieuse avec les hommes comme s'ils m'avaient tous trompée, méprisée, engrossée, trahie, salie, abandonnée.

Agréable... J'aurais voulu qu'on parle. Je me hais.

Je suis entrée dans l'amphithéâtre et je suis allée m'asseoir dans un coin, maussade. Je suis restée parce que c'était un exposé sur *Nature et Chimie dans l'art du parfumeur.* Je ne pouvais pas manquer ça ! J'ouvris mon cahier de notes, je levai la tête pour voir celle du conférencier.

C'était le garçon qui avait trouvé mon parfum agréable.

Il venait de Grasse où il travaillait chez Capignard.

Il était bien jeune pour s'adresser à des étudiants.

Il était passionnant. Il était drôle. Il était captivant. Il était brillant.

Il était Paul.

Tout ce qu'il nous avait appris méritait d'être noté, conservé, relu. Je m'appliquais à ne rien oublier parce que le sujet m'empêchait de dormir, bien sûr, mais surtout parce que je ne voulais pas m'en aller sans avoir parlé avec lui. Les étudiants, pardon, les étudiantes, s'étaient agglutinées autour de lui. Interminable. Enfin elles s'en allèrent.

Et il vint vers moi. L'air gentil, avec un sourire ironique mais pas méprisant. J'avais l'impression qu'on entendait battre mon cœur.

Il a dit :

– Qu'avez-vous voulu faire ?

J'ai répondu : « Un hymne ! » et il a ri.

Il s'est assis auprès de moi et il m'a respirée.

Il a répété :

– Un hymne ?

Je suis devenue écarlate. Je savais bien que je n'en étais qu'aux balbutiements d'un petit roseau mais j'avais décidé que ce début fragile me mènerait jusqu'à la symphonie...

– Chez qui avez-vous travaillé en dehors d'ici ? me demanda-t-il.

Je lui parlai de mes visites dans les Alpilles, chez Hector et Julie. Il les avait connus, leur mort l'avait peiné. Ils étaient si vrais, disait-il. Ça me faisait du bien qu'il les ait connus et appréciés. On n'était plus tout à fait des inconnus. C'était comme si les deux vieux gardiens des senteurs provençales nous avaient présentés l'un à l'autre.

– Alors ?

– ...

– Parlez-moi de cet hymne !

Son regard posé sur moi, son regard à la fois découverte et possession, la couleur de ses yeux, son sourire qui s'attendrissait, son souffle si proche... J'ai tout perdu le jour où il est parti, jusqu'à ce courage que me donnait l'attente qu'il avait de moi. Mais ce jour-là, je bondissais d'enthousiasme :

– Un hymne aux Cévennes !... d'abord, ça s'appellera *Cévennes* ! C'est le parfum de la liberté... les espaces du ciel... je me couche sur le dos, près de chez moi, là-haut, sur l'herbe rase, et je regarde les nuages... parce que, juste au-dessus de chez moi, là-haut, on les voit choisir...

– Choisir ?

– Leur destin. C'est là que se tient l'invisible ligne du partage des eaux... c'est là que se fait le choix de la petite goutte qui va rouler vers la Méditerranée ou vers l'Atlantique, et c'est ça que je veux raconter ! La chaleur du Sud, les genêts lourds de miel, les narcisses du printemps, la violette unique, et aussi l'herbe verte, acide, les foins coupés, les framboises écrasées, et le vent sauvage qui marie ces senteurs et les balaye pour faire place à la neige...

– Tout ça ?

– Au moins !

– Merde, dit-il en regardant sa montre, mon train est dans dix-sept minutes !

Je l'ai accompagné à la gare.

Armoise, absinthe, aspic, lavande, arnica nous faisaient un cortège enivrant et invisible.

Invisible ? Il n'y a pas de mot pour décrire

l'imaginaire quand on parle des parfums. Impalpable ? peut-être. Mais souverain.

Sur le quai il me dit :

– Il va falloir venir à Grasse, vous y découvrirez l'encens, le galbanum, le styrax...

– *Travail de parfumeur*, ai-je dit, et il a souri.

Il a écrit quelque chose sur une carte de Capignard. Il a pris ma main droite, l'a embrassée au creux de la paume, et j'ai su que je lui appartenais.

– Qui êtes-vous ? a-t-il crié comme le train s'ébranlait.

– Esther Mazel ! le Mazel ! Espériès ! Lozère ! ai-je crié à mon tour en courant le long de la voiture qui prenait de la vitesse.

Je me suis arrêtée là où s'arrête le quai. J'ai vu s'éloigner le train, puis j'ai regardé la carte que je serrais dans la paume de ma main, ma main encore éperdue de son baiser, et j'ai lu un nom : Paul Fontaine. Un nom qui devait devenir le mien.

Dès le deuxième jour des vacances, j'étais à Grasse.

Je m'étais fait engager pour la cueillette du jasmin. Nourrie, logée, un peu d'argent. Très peu, mais plus que je n'en avais jamais eu. Je savais que le travail serait dur, mais la perspective du contact avec la fleur, son odeur, sa fragilité, m'enchantait.

Soyons honnête, ce qui m'enchantait c'était de revoir Paul Fontaine.

Je me rendis chez Capignard en sortant du travail. Bien coiffée, nette et fraîche dans ma robe de vichy à carreaux blancs et bleus.

– Monsieur Fontaine ? me dit le vieux gardien. Ah ! vous tombez mal, ma petite demoiselle. Il est en vacances !

En vacances ? Je parvins à demander où mais le vieux gardien ne savait pas. J'insistai ; il avait bien dû laisser une adresse pour faire suivre son courrier ? Même pas ! Il reviendrait quand ? Ça, le vieux gardien n'en avait aucune idée. Par contre, il commençait à se faire une idée précise des raisons de mon insistance et me regardait avec compassion.

Ce soir-là j'ai haï le jasmin, les roses, les tubéreuses. Ce soir-là je me suis haïe. J'étais trop bête ! Si je lui avais annoncé ma venue, il aurait pu... je haussai les épaules, ça aurait changé quoi ? Il serait parti en vacances quand même ! Et sans doute n'était-il pas parti seul ! Je m'étais monté la tête comme une imbécile, bien fait pour moi, je me serais giflée, décidai que tout cela n'avait aucune importance, ce qui ne m'empêcha pas de m'endormir dans les larmes.

Au matin, les yeux un peu battus, le cœur déchiré mais le sourire aux lèvres, je cueillais les fleurs dans la rosée en écoutant chanter les Italiennes. J'avais déjà mal dans le dos, ça promettait pour les semaines à venir, mais ma haine de la veille pour le jasmin s'évanouissait un peu plus à chaque fleur. Courbée au milieu d'un champ de délices je me fis le serment de tenir le coup.

– La cueillette du jasmin entre dans la composition de l'hymne ?

Paul était près de moi, si près de moi qu'en étendant la main j'aurais pu le toucher si je n'avais craint, par un geste, de faire s'évanouir la matérialisation de mes rêves.

– Comment avez-vous su que j'étais là ?

Ma voix n'était qu'un souffle.

– J'arrive du Mazel, dit-il.

Et je laissai tomber mon panier dans les fleurs.

J'étais allée vers lui, il était allé vers moi.

L'essentiel.

Mais les mots ? Les mots ! Comme on a besoin de les entendre en ces jours où l'on n'est pas encore sûr que l'autre éprouve pour vous ce que vous éprouvez pour lui, en ces jours où le moindre regard, le moindre sourire, la moindre absence de sourire peut vous précipiter dans la joie ou dans le désespoir.

Il a toujours été très fort, Paul, dans l'exercice des sentiments, il a toujours été imbattable en maîtrise de soi, il a toujours su jouer de la patience et de la fragilité de l'autre en virtuose.

Il fut sage et prudent. Il avait raison. Lui ne risquait rien, mais moi ! J'habitais dans un vieux mas qui sentait la paille et la pierre avec les autres filles de la cueillette. Provençales, Italiennes, Marseillaises. Des filles très simples, gentilles. Mais la visite de Paul les avait troublées.

Pas une seule parmi elles ne se trompa sur le sens de sa visite. Toutes se sentirent exclues de ce qui se passait entre le visiteur et moi. Pour elles je n'étais plus celle qui s'était présentée comme la fille qui ramassait des narcisses sauvages dans la montagne, j'étais celle qu'avait remarquée le jeune homme de chez Capignard. Le jeune homme qui n'était jamais venu parler à une fille dans les champs, le jeune homme qui, loin de l'univers où mouraient les fleurs, vivait dans l'univers triomphant de leur résurrection.

Le premier dimanche où il m'emmena dans l'arrière-pays à bord de son imprévisible 4 CV...

On s'est assis sur le thym à l'orée d'une forêt de chênes-lièges. Ma main tremblante arrêta sa bouche en chemin vers la mienne. Il fallait que je parle...

J'ai dit : « J'ai eu une aventure », et il a dit : « J'en ai eu plusieurs ! » avant d'éclater de rire et de se pencher vers moi.

De nouveau ma main se posa sur sa bouche :

– Je suis juive.

Il a l'air étonné. Juive ? Il a vu mes parents au Mazel... alors je raconte, il écoute, longue histoire, il me regarde.

– Vous avez le type, dit-il, et il précise : le type huguenot ! Un fichu sur la tête, la tour de Constance dans le fond du décor et on se croirait au temps des dragonnades !

Je voudrais qu'il m'embrasse maintenant mais il détourne la tête. Il a beau savoir dominer ses émotions, je le sens bouleversé par mon récit. Puis il se reprend :

– Qu'est-ce que ça change, Esther ? Vous pourriez aussi bien me dire : je suis noire !

– Mais si j'étais noire, ça se verrait !

– Qui sait ? Je vous crois capable de tout !

Son premier baiser dans un éclat de rire puis il prend mon visage entre ses mains et murmure :

– Dire que je ne voulais pas aller faire cette conférence à Montpellier...

On s'est embrassés pendant des heures avant de penser à déjeuner quelque part. Il était près de quatre heures ! Dans une petite auberge on a eu pitié de nous et on nous a servi le reste d'une daube plus noire que l'enfer, avec du gros pain et un rosé meurtrier, et là, sous une treille bourdonnante d'abeilles, il m'a dit :

– Raconte l'hymne !

Non seulement je me souviens des faits, des mots, des gestes, mais le goût de la daube, l'odeur de la treille, la musique des abeilles, tout est là, intact comme l'amour.

– L'hymne ?
– J'ai déjà tout dit !
– Répète !

Je répétais. Sans peine. Je savais par cœur la future formule, il écoutait, souriait, me disait :

– Tu oublies la note essentielle !

Je fronçais les sourcils :

– La note essentielle ?
– Toi !
– Moi ?
– Toi ! Tu es dans le parfum. Toi. Et, si tu le permets, c'est moi qui te raconterai !

Je souriais, je demandais des précisions sur « la note essentielle », il me disait qu'elle était unique, comme la violette ! Il ajoutait que c'était d'ailleurs mon seul point commun avec la violette.

– Je me trompe ?

Je riais. J'étais bien. J'étais *déjà* bien. Et ce parfum on l'a fait ensemble, amoureusement, comme un enfant, il a fait partie de notre vie, de notre souffle, il est né de nos baisers. Ce fut le temps de toutes les chances, de tous les espoirs, de toutes les découvertes.

La page blanche...

Paul disait que c'était un moment merveilleux que celui de la page blanche, celui où l'on commence à écrire l'avenir, à nommer les rêves et les espoirs par leur nom.

Armoise, absinthe, aspic... couchés sur le papier avec les autres composantes de ce qui deviendrait joie à respirer.

La page blanche, qui n'était pas seulement celle de nos recherches mais celle de notre vie. Sur elle, il n'avait encore écrit que des baisers et des caresses. Pas de mots qui scellent et engagent.

Puis Paul retourna au Mazel. Avec moi cette fois.

Ils l'avaient déjà adopté dès sa première visite.

Chez les Mazel on a toujours eu le don de deviner ce qui était bon ou mauvais pour moi. Ils ne se sont jamais trompés en ce qui me concerne. Pas plus devant les hommes que devant les champignons.

Les champignons !

– Il faudra une note champignon, une note myrtille écrasée, une note fraise des bois ! Viens !

À peine arrivé il voulut humer la montagne. On arpenta les sommets, les éboulis, les sous-bois, les tapis d'herbe rase, le nez en alerte comme celui du chien qui nous accompagnait à cette chasse si particulière, celle d'une âme à mettre en flacon.

Et voilà qu'en rentrant de notre première course dans les senteurs de l'hymne, juste au moment où on allait tous s'asseoir à la table devant la cheminée, Paul s'adresse à Papa :

– Monsieur Mazel, j'ai l'honneur de vous demander la main de votre fille.

Et Papa, pas surpris, lui répond :

– Monsieur Fontaine, je vous l'accorde avec plaisir et bonheur !

Comme ça, d'homme à homme, par-dessus ma tête, tope-là ! Cochon qui s'en dédie ! J'étais indignée :

– On est retournés au désert ? On est sous la tente ? Les chameaux ruminent dehors et la fiancée vaut son poids de dattes ?

– Tu ne veux pas m'épouser, mon amour ? a demandé Paul et je suis tombée dans ses bras, cueillie.

Il avait raison, c'est un moment merveilleux que celui de la page blanche.

Elle ne resta pas blanche longtemps, la page ! Dès cet instant elle se couvrit de signes, les signes de notre vie. Et cela à une vitesse aussi folle que la passion qui nous jetait l'un vers l'autre à chaque heure du jour et de la nuit.

On s'est mariés à la mairie d'Espériès.

J'avais demandé à Papa de ne pas retourner à Nîmes pour acheter un nouveau sarcloir, une nouvelle bêche, et consulter les autorités religieuses à mon sujet. Je voulais un mariage civil.

– Et Paul ? Il veut quoi ?

Paul voulait ce que je voulais. Et moi, je trouvais ça normal, plus curieuse que j'étais de sa peau et de son corps que de son âme, de ses certitudes ou de ses doutes. Je savais qu'il avait perdu son père peu de temps avant de me rencontrer, que sa mère était morte quand il avait dix ans, que j'allais être toute sa famille. Il se considérait comme un orphelin banal par rapport à ce que j'avais vécu, moi. « Un orphelin heureux », disait-il en regardant la photo de Marion.

Il m'écoutait plus que je ne l'écoutais.

C'est terrible, depuis un moment j'entends claquer les erreurs comme quand la bille électrique d'un flipper cogne les points névralgiques du jeu.

Abraham, une fois de plus, découvrait avec nous la disparition non seulement de la religion, mais de la foi. La disparition du besoin d'appartenir à une communauté spirituelle. Son fils, sa fille, sa belle-fille et son gendre étaient les générations de la rupture. Il le constatait mais continuait à espérer comme le pasteur et le rabbin de Nîmes le lui avaient demandé. Il croyait toujours à la toute-puissance d'un Dieu unique et patient, qui récolterait tôt ou tard les âmes distraites et insouciantes de ses enfants.

Je me souviens d'une conversation peu de temps avant sa mort, la seule conversation théologique que nous eûmes et que je n'ai pas encore déchiffrée dans toute sa signification...

« Vous, mes enfants, vous m'avez tout appris... »

Mais revenons au temps bénit où Paul et moi nous nous dévorions mutuellement.

D'abord, la chance !

Paul me présenta, comme la décence le voulait, chez Capignard-Capignard et Fils.

De cette famille qui régna plus de deux siècles sur la parfumerie grassoise ne restaient que le vieux Monsieur Capignard et la veuve de son fils, la terrible Madame Capignard jeune qui était déjà fort vieille. Son beau-père était un vieillard aimable qui n'avait pas perdu la mémoire d'une vie toute consacrée à la galanterie. Et au travail car, pour être juste, il convient de reconnaître qu'il avait été le dernier nez – si j'ose me permettre ce jeu de mots – d'une dynastie de grands parfumeurs.

Il cligna de l'œil en me voyant et dit à Paul : « Elle est charmante ! » au moment même où sa bru déclarait : « Vous auriez pu nous prévenir avant de vous marier ! »

Cinq minutes plus tard nous buvions du champagne, commandé par l'ancêtre à sa gouvernante ; un quart d'heure après, découvrant que j'étais chimiste, il m'engageait comme assistante.

– Mais Papa ! Nous n'avons pas besoin d'une..., glapit Madame Capignard jeune.

– On a toujours besoin d'une fleur chez les fleurs ! dit-il en levant sa coupe.

Le salaire qui me fut octroyé ne dépassait pas celui des cueilleuses de jasmin débutantes, peu importait, j'étais dans la place.

Enfin j'avais accès aux matières premières synthétiques, aux matières premières artificielles destinées à recréer les parfums de la nature. Ce fut un moment heureux, un moment amoureux car nous nous aimions à travers les moindres gestes, précis, presque sacrés, des dosages, à travers les moindres bouffées exhalant les arômes qui avaient fait la fortune de Capignard-Capignard et Fils. Arômes un peu démodés, arômes d'une époque révolue dont la vente commençait à fléchir. Aussi avions-nous décidé, une nuit de pleine lune, Paul et moi, que nous offririons « l'hymne » au vieux Monsieur Capignard. Nous ne doutions pas une seconde du succès de notre entreprise. Nous ne faisions nos recherches qu'une fois le travail de la journée terminé. Honnêtes. Je gardais ma blouse blanche, j'envoyais promener mes chaussures, je respirais.

– Je ne paye pas d'heures supplémentaires, avait précisé Madame Capignard jeune en nous trouvant un soir, longtemps après la fermeture, tous les deux, seuls, dans le laboratoire.

Paul l'avait gratifiée d'un sourire lumineux et désarmant :

– Excusez-nous, Madame Capignard, de vous encombrer si tard ! C'est pour ma femme... Elle débute et il y a certains points que je préfère lui expliquer tranquillement en dehors du travail... pour ne pas faire perdre de temps à la fabrication. Excusez-nous, répéta-t-il doucement tandis que, désactivée comme un robot privé de ses piles, la pénible lui rendait son sourire et l'assurait qu'il pouvait profiter du laboratoire autant qu'il le jugerait nécessaire.

Une année entière nous débordâmes des horaires, délire des sens, traque ardente, victoires, défaites, exaltation, désespoirs, cris de joie, jurons ! Baisers !

Les rares vacances octroyées par la bru nous ramenaient au Mazel dans la 4 CV, de plus en plus imprévisible, de Paul. Nous nous plongions dans la nature pour vérifier que nous ne la trahissions pas en la traduisant en parfum. La Combe des Septante était l'épicentre, l'œil du cyclone, le cœur de la création en marche.

Cévennes.

– Il faut manger, disait Maman Abraham qui nous trouvait maigres à faire peur.

– Je vais te les remplumer ! assurait-elle à Papa en touillant daubes et confitures avec cet air de bonne sorcière hérité de sa mère.

On était bien. On approchait du but. On allait pouvoir faire sentir *Cévennes* au galant Capignard...

J'ai du chagrin quand je pense à la journée désastreuse de la présentation du parfum. Nous avions espéré voir le vieux monsieur tout seul, sa gouvernante ayant été le *go-between** entre nous. Hélas ! la belle-fille était là, soupçonneuse et glaciale, debout derrière le fauteuil du vieillard qui semblait fatigué. Il s'anima pourtant en nous voyant approcher de lui, et, découvrant un flacon entre les mains de Paul, il nous embrassa d'un seul regard et dit à sa bru :

– Ils sont beaux !

Ce qui n'était probablement pas le sésame capable d'ouvrir un cœur aussi fermé.

Paul expliqua que nous avions élaboré un parfum en secret, que nous voulions l'offrir à la maison et que, d'abord, nous allions le leur faire sentir. Il fit tomber quelques gouttes sur une mouillette et la tendit au vieillard qui déclara :

– Excellent ! Excellent ! avec empressement.

– Ne soyez pas ridicule, Papa ! Vous savez bien que vous n'avez plus de nez depuis longtemps ! Vous savez bien que vous ne faites aucune différence entre le parfum d'une rose de Damas et celui de l'eau de Javel. D'ailleurs, ajouta-t-elle en saisissant la mouillette, d'ailleurs je ne sens là que travail d'élève, incohérent et tout à fait déplacé compte tenu du goût de notre clientèle à qui nous devons tout, à commencer par le respect ! Allez, on jette et on oublie ces enfantillages !

* Messager.

Le verdict était meurtrier, sans appel, terrible. Mais le plus terrible c'était l'effondrement du malheureux à qui elle venait d'ôter le droit d'exister. Personne ne s'était douté qu'il avait perdu tout jugement olfactif, qu'il ne pouvait plus rien sentir, qu'il était exclu de l'univers qui avait été le sien. Il se recroquevilla devant nous, et ce spectacle reléguait au second plan notre propre déroute.

Il mourut un mois plus tard, sans que nous l'ayons revu. Je fus licenciée peu de temps après.

Époque difficile.

– On y arrivera ! disait Paul en me serrant dans ses bras au creux d'un lit aussi inconfortable que bruyant. Puis il ajoutait : « Mais je ne sais pas comment ! » et éclatait de rire.

Nous habitions un petit meublé au-dessus d'une mercerie. Par la fenêtre ouverte sur les cyprès et les lauriers-roses du jardin d'en face, entraient toutes les odeurs de Grasse dont le vieux Capignard avait perdu l'usage, mort avant la mort...

Avons-nous douté une seconde de « l'hymne » ? Je crois pouvoir dire non. Ce dont nous doutions c'était de la chance qui nous permettrait de trouver un nez attentif, un chemin vers la commercialisation et le public.

Nous évoquions l'aventure de François Coty.

Se voir refusé comme nous l'avions été et devoir son bonheur à une maladresse ! Un flacon qui se brise et quelqu'un qui passe... Oui mais le quelqu'un qu'il fallait.

Et si nous montions à Paris ? Avec quel argent ? Quelles recommandations ? Madame Capignard exjeune ne tenait pas à se séparer de Paul. Ce n'était ni la joie, ni la fortune, mais ça nous permettait de subsister. La mercière me recommanda à sa belle-sœur qui tenait une parfumerie en ville. Je devins vendeuse.

– Je vous parfume ? demandais-je aux clientes,

et je me grisais à travers les petits nuages vaporisés sur elles.

Mais cet emploi devait prendre fin quelques mois plus tard quand la vendeuse que je remplaçais reviendrait de Corse où elle était allée accoucher auprès de sa mère...

Alors ?

Nous n'osions pas nous dire à quel point l'avenir nous paraissait sombre. Nous parlions, au cœur de la nuit, de ce que nous voulions faire, de notre métier, avec une confiance que la réalité de chaque matin démentait cruellement. Parfois Paul me demandait de lui raconter l'Amérique, quand j'avais failli être riche. Je racontais, tandis que nous mangions des pans-bagnats dans le lit. L'épisode de l'argent de poche au Waldorf le faisait toujours rire.

– Dix mille dollars ! Imagine qu'on ait dix mille dollars !

– Tu regrettes ?

– Tu rigoles ?

Il avait l'air fâché que je puisse croire qu'il me reprochait d'avoir refusé l'argent des Didisheim.

Vingt ans plus tard je découvre que la précarité n'a rien pu contre nous. Au contraire, on se serrait encore plus l'un contre l'autre et le courage jaillissait comme l'étincelle jaillit entre deux silex brûlants.

Fous l'un de l'autre.

Heureusement la mercière n'habitait pas dans la maison. Seuls les cyprès, les lauriers-roses et quelques chiens errants auraient pu raconter nos nuits et nos cris.

Le labo me manquait. Plus question de mettre les pieds chez Capignard depuis qu'elle m'avait renvoyée.

– Un jour je la tuerai, disait Paul, mais je ne sais pas encore comment... la jeter dans une cuve ? La distiller goutte à goutte ? En faire une *concrète ? Repulse de Capignard* ! Succès assuré !

On riait.

Je revins au labo un soir, après la fermeture des bureaux. Madame Capignard était partie marier une nièce à Barcelonnette, la voie était libre. Je frissonnai en retrouvant le sanctuaire. Il n'y avait plus personne dans la maison. Excepté Jules. Jules était l'autre chimiste, un taciturne barbu qui travaillait en fumant, ce qui m'avait surprise et même choquée. Paul disait que c'était le mystère de la nature. Ni lui ni moi ne fumions, pas plus qu'Hector et Julie dans leur thébaïde des Alpilles. Je croyais qu'il en allait de même pour tous les compositeurs. Il paraissait que non. J'y reviendrai, hélas !

Jules entra, le mégot à la bouche, me tendit la main et dit sobrement :

– C'est une salope !

– Jules est un homme de goût ! affirma Paul. On devrait lui faire sentir notre parfum ! D'accord ?

J'étais d'accord. J'avais toujours un échantillon sur moi, on ne sait jamais ce qui peut arriver, qui on peut rencontrer... Là, c'était Jules. Un vrai pro. Il flaira le flacon ouvert, prit une mouillette, la respira profondément, fit tomber une goutte à la saignée de son poignet, jeta son mégot, resta le nez et la barbe enfouis dans sa main, les yeux fermés. Ça dura assez longtemps pour établir un sérieux malaise. On se regardait, Paul et moi, inquiets.

– Alors ? demanda Paul.

La réponse se fit attendre encore. Puis Jules ouvrit les yeux, releva la tête et dit seulement :

– La Bible.

Il avait tout compris, Jules, du premier coup ! Paul nous emmena manger une pizza en ville pour fêter ça. On parla tard en buvant un vin en carafe, délicieux et pas cher. « On parla... » Non ! Paul et moi on parla ! Parce que Jules, il n'est pas bavard ! Mais il écoute. Il écoute en fumant. Et, parfois, il place le mot qu'il faut, au moment où il faut. Avant de se séparer, il eut une pensée pour la Capignard :

– Pas seulement salope. Conne !

Ça nous avait remonté le moral. La Bible ! J'écrivis une lettre à Papa pour lui raconter. Lui aussi il était dans notre parfum !

– Quel étrange métier ! me disait Paul. Quel malentendu !

– Malentendu ?

– Eh bien, le mépris qui nous entoure ! Tiens ! prends un étudiant ou une étudiante qui se prive de déjeuner pour acheter un livre ou aller au concert ou au musée : admirable ! dit-on. Exemplaire ! Prends un étudiant ou une étudiante qui se prive de déjeuner pour acheter un parfum : futile ! dit-on. Et même pire, ajouta-t-il après avoir réfléchi un moment, l'odeur du péché peut-être... Intéressant ! Quel dommage de ne pouvoir en parler avec Hildegarde von Bingen !

– Qui c'est celle-là ? demandai-je avec un soupçon d'inquiétude.

– Comment ? Tu ne connais pas Hildegarde, 1098-1179 ! La reine des plantes ! L'apôtre de l'épeautre ! Une des rares saintes qui respecte le corps et ne cherche pas seulement à sauver les âmes, mais à rendre son prochain bien portant, heureux, beau ! Je pense souvent à elle !

Je me souviens parfaitement de cette conversation parce que, ce jour-là, arriva la lettre d'Aaron qui devait changer le cours de notre vie.

La lettre qui m'annonçait la mort de Léa Didisheim.

Em

Avant de mourir Léa avait mis ses affaires en ordre. J'héritais de tout. Sans conditions.

Aaron m'a annoncé ça en quittant l'aéroport, dans la pénombre d'une limace encore plus sombre, encore plus longue que celle qui m'avait accueillie lors de mon premier voyage.

Les mots entrèrent dans ma tête et je compris, éclair brutal, que je venais de cesser d'être pauvre. Il allait me falloir beaucoup plus de temps pour comprendre ce que c'était que d'être riche.

Léa... si pâle, si triste, Léa réfugiée avec sa douleur dans des vêtements de veuve, Léa ne livrant d'elle-même qu'un visage désolé, cachant jusqu'à ses mains derrière la peau noire de ses gants. Léa m'a tout laissé ?

– Mais pourquoi à moi ?

– Pour deux raisons, répondit Aaron. La première c'est Jonathan, le neveu, vous vous souvenez ?

Tu parles si je me souviens ! *The hick !* Inoubliable et inoublié, le neveu !

– Léa avait pensé en faire son héritier, elle lui a donné toutes ses chances, a eu toutes les patiences, mais finalement elle a dû se rendre à l'évidence...

Il baissa la voix pour me confier que Jonathan était en réalité un pochard, que, depuis deux mois, il bavait dans une clinique en cure de désintoxication.

« Se rendre à l'évidence »... « un pochard »... Ces formules me parurent pour le moins curieuses dans la bouche d'un *lawyer* new-yorkais, je voulus lui demander... mais nous arrivions au Waldorf, je m'apprêtais à descendre et oubliai ma question. Quelle ne fut pas ma surprise en constatant que la limace ne s'arrêtait pas devant l'hôtel et poursuivait sa course...

– On ne va pas au Waldorf ?

– Non, on va chez vous.

Chez moi ? Comme ça ? Sans traitement euphorisant, sans préparation, sans anesthésie ? Et où c'est, chez moi ?

Fifth Avenue. Le long de *Central Park*.

– La deuxième raison, poursuit Aaron, calme et grave, c'est que Léa aimait vraiment Daniel.

Embouteillages, Klaxon, sirènes, feux rouges, foule qui s'en fout et moi qui me recroqueville au fond de la limace.

– Elle l'aimait vraiment et vous êtes tout ce qui reste de lui.

J'ai froid. Je déteste l'air conditionné. Je suis mal.

– Léa était une femme timide, très pieuse, malheureuse...

– Elle n'a jamais eu d'enfant ?

– Si, un petit garçon qui n'a pas vécu.

Silence hurlant de New York, la limace démarre au feu vert.

– J'ai dit deux raisons, en fait il y en a trois, corrige Aaron. Léa souhaitait par-dessus tout que l'affaire reste dans la famille, n'oubliez pas que vous êtes, aussi, sa cousine !

– Mais elle ne me connaissait pas ! Elle m'a à peine vue ! Et j'ai été si rude !

– Elle a beaucoup apprécié cette rudesse. Nous avons souvent parlé de vous, de votre intégrité, de votre courage, de votre désintéressement. Elle me disait : « Esther est brillante ! » Plusieurs fois elle a eu la tentation de reprendre contact avec vous, de vous demander de revenir... elle n'a pas osé. Vous lui faisiez peur.

– Moi ?

– À moi aussi, Esther, vous faites un peu peur !

Il souriait gentiment. Je n'en revenais pas.

– Nous y sommes, dit Aaron, nous sommes arrivés chez vous.

Je regardai à travers les vitres fumées.

Et c'est moi qui ai eu peur.

Paul, Paul, Paul ! Il faut que Paul vienne ! Je ne veux pas, je ne peux pas vivre ça toute seule ! *Help !*

C'est ce que je bredouillais au plus secret de moi en descendant de la limace. Un général m'avait ouvert la portière, un ambassadeur venait au-devant de nous, s'inclinait devant moi sans me tendre la main, un escadron des deux sexes se tenait au garde-à-vous sur le perron de marbre. J'ai dit : *Hello !* puis j'ai découvert le palais que le grand-père de Didi et de Léa – mon bisaïeul – avait fait construire en 1883. Rien à voir avec un gratte-ciel. Cette folie sertie de pelouses veloutées, de bassins manucurés et de fleurs calibrées ressemblait à l'enfant qui aurait pu naître des amours du Grand Trianon et d'un château de la Loire.

Il y avait du thé de Chine dans le salon, avec des *muffins*, des *scones*, de la confiture d'oranges amères et de la gelée de papayes. L'ambassadeur, aidé de trois ou quatre personnes, s'apprêtait à nous servir mais Aaron, remarquant ma pâleur, congédia tout le monde et me versa lui-même le thé dans une tasse si fine, si légère, que je faillis la lâcher et m'ébouillanter en la prenant.

– Qui sont ces gens ? demandai-je après avoir bu.

– Ce sont vos domestiques, répondit-il. Ils vont vous aider à vous installer et prendre vos ordres.

Je levai les yeux de ma tasse vide et regardai autour de moi.

– Ils sont vrais ?

– Bien sûr ! a-t-il dit en riant.

Il croyait que je parlais des domestiques, mais je parlais des Fragonard, des Titien et des Corot.

Eux aussi étaient vrais.

Je n'ai pas pu dîner. Je n'ai même pas fini le potage distingué servi dans du Saxe Royal. J'avais besoin de dormir cent ans. J'avais besoin d'être seule. Seule dans ce palais qui peut-être allait s'évanouir dans les airs et disparaître par enchantement pour m'abandonner en chemise sur un trottoir de New York...

– Il faut que vous dormiez, me dit Aaron. *Tomorrow is an other day**. Voulez-vous qu'on vous raccompagne à votre chambre ?

Je fis signe que non et il comprit qu'il fallait me laisser faire connaissance avec cet univers sur le point de devenir mien, cet univers qui ne serait vraiment mien que si je l'affrontais sans l'aide, sans le secours d'autrui. Face à face. À mains nues. Seule.

* Demain est un autre jour.

Je suis restée longtemps dans la bibliothèque, sous les portraits de tous les Didisheim, seniors, juniors, et consorts, bâtisseurs de l'empire qui portait leur nom. J'avais quitté mes chaussures et, en lotus sur un canapé austère, je les observais l'un après l'autre. Aucun n'était franchement gai. On aurait pu les prendre pour des banquiers protestants... Je regardais à peine Didi. Il était encore trop tôt pour qu'on devienne intimes tous les deux.

Je n'entendais plus aucun bruit dans la maison. Tout le monde était parti. Ou caché. Il devait y avoir des rondes toutes les heures dans le jardin, des alarmes tapies dans le coin des fenêtres et des gardes du corps aux aguets dans les placards.

Je posai mon pied nu sur le sol et je commençai l'exploration.

Le silence ronronnait, des points lumineux apparaissaient, disparaissaient...

J'étais en sécurité. Sensation terrifiante.

Parquets à la française, tapis de la Savonnerie, marbres frais et lisses, je prenais possession, pas à pas, de la maison illuminée. Je devinai une serre tropicale derrière un mur de verre, traversai un salon de musique, me retrouvai sur le marbre du hall et entrepris l'ascension vers ma chambre. Tapis moelleux tenu par des barres de cuivre, tapis épais et doux... heureusement car je suis tombée dans l'escalier. De saisissement. Oui, j'ai manqué une marche en arrivant sur le palier parce que quelqu'un me regardait.

Rembrandt. Autoportrait.

Merde ! de quoi perdre l'équilibre !

Je suis restée longtemps assise par terre, massant ma cheville.

On ne se quittait pas des yeux, Rembrandt et

moi. Autoportrait. Fin de sa vie. Beaucoup de douleur dans le regard.

Je me suis arrachée à ma contemplation et je suis allée vers la chambre de Madame.

Madame c'était moi.

La couverture était faite, les doubles rideaux de soie étaient tirés, il y avait des orchidées dans un vase de Sèvres, la porte était entrouverte sur une salle de bains de féerie... Oh ! Maman, pourquoi es-tu morte dans la nuit et le brouillard... ?

Je suis sortie sur la terrasse et j'ai pleuré en écoutant ce que me disait la voix formidable de New York. Le vent faisait frémir les arbres proches de *Central Park* que je voyais moutonner et se perdre dans la nuit. La nuit ? J'ai regardé l'heure et vu que je pouvais encore joindre Paul chez Capignard.

Je suis tombée sur elle. Toujours aussi gracieuse :

– J'espère que vous avez une bonne raison de nous déranger, vous savez que nous n'aimons pas beaucoup les communications personnelles !

Je lui ai juré que c'était une question de vie ou de mort.

– Dans ce cas..., a-t-elle dit, et elle m'a passé Paul non sans lui glisser au passage que j'étais à l'agonie.

– Chérie ?

Il était affolé.

Je ne savais comment lui annoncer la nouvelle. Je l'entendais respirer au-delà des vagues, des terres, des montagnes.

– Mais dis-moi ce qui se passe ?

– La Didisheim...

– Oui, la Didisheim ? Eh bien ?

– C'est moi.

Il a demandé avec angoisse :

– Tu es malade ?

– Non, riche.

Silence dans lequel j'entends que Madame Capignard s'agite. Elle doit trouver que la conversation a assez duré.

– Tu es folle, dit Paul très doucement.

– Non, riche.

Silence épouvanté.

– Paul ! Je suis dans *notre* chambre, au dernier étage d'un vrai palais, il y a un Rembrandt sur le palier, des marbres comme à Carrare, des boiseries comme à Versailles... et tout ça est à nous...

Silence entre les continents.

Puis j'ai fondu en larmes : « J'ai besoin de toi, viens ! » et il a répondu : « J'arrive ! »

Passer de l'état de pauvreté à l'état d'extrême richesse, c'est débarquer du pôle Nord à Bingerville sans quitter son anorak et ses après-ski. On suffoque. On perd moyens, repères, souffle. On coule.

Paul avait dit : « J'arrive ! » mais il avait parlé avec son cœur sans songer aux formalités, aux délais. À commencer par le visa ! Bien sûr Aaron était là et, grâce à lui, à ses relations, grâce au poids et au compte en banque de la Didisheim, tout alla plus vite que pour le commun des mortels. Dont nous ne faisions plus partie depuis que Léa avait fait tomber sa fortune sur moi.

J'étais mal à l'aise dans mon palais. James, le majordome, me terrifiait, je n'avais pas encore osé mettre le pied dans les cuisines. Je m'attendais toujours à ce qu'on m'arrête dans les escaliers pour me demander mes papiers, j'avais perçu l'étonnement de ma femme de chambre devant les trois cintres qui constituaient toute ma garde-robe. « Ma » femme de chambre ! Pour m'évader de mon malaise, je dormis. Énormément. *Jet-lag*, murmurait-on dans le palais silencieux.

Mais un matin il fallut bien se réveiller, se mettre sur les pattes de derrière, affronter, assumer, accepter la réalité.

J'ai demandé à Aaron s'il pouvait m'emmener sur la tombe de Didi et de Léa. D'abord où étaient-ils enterrés ? Tout près du cottage qu'ils avaient dans la vallée de l'Hudson, me répondit-il.

Le mot de « cottage » me fit du bien. Durant le voyage, Aaron m'expliqua que c'était à *L'Oiseau Bleu*, oui *L'Oiseau Bleu*, en français dans le texte, vous avez bien entendu, que Léa avait passé les dernières années de sa vie. Didi lui-même, depuis la fin de la guerre, vivait rarement *Fifth Avenue*. Ils aimaient la campagne. *L'Oiseau Bleu* était plus calme, plus intime, que la *Didisheim Residence*, plus simple aussi.

Le « cottage », construit à la fin du XIXe siècle par un élève d'Alexander Jackson Davis, était un vaste manoir posé sur des pelouses plus vertes que celles de la reine d'Angleterre. Pelouses qui se perdaient dans des prairies à perte de vue où s'ennuyaient quelques pur-sang.

– Désirez-vous vous rafraîchir ou allons-nous directement au cimetière ?

J'optai pour le cimetière. Ravissant, verdoyant lui aussi, aimé des oiseaux et fleuri comme pour une fête, le cimetière.

– Je suis touché que vous ayez manifesté le désir de vous recueillir sur leur tombe, dit Aaron en descendant de voiture. Dois-je comprendre que vous n'êtes plus fâchée avec eux ?

Je ne répondis pas. Je venais de lire une inscription :

Samuel Didisheim
1932-1933

et de comprendre que le petit être qui reposait là, sous l'herbe verte, était mon frère. Mon frère aîné.

Je restai longtemps, debout, immobile, devant les tombes de Samuel, de Didi et de Léa. Un peu égarée. Tombée du ciel, venant d'une autre planète.

Des Didisheim plus anciens reposaient en ces mêmes lieux, sous des stèles couvertes de caractères hébraïques. Des Didisheim dont le sang coulait dans mes veines. Il allait falloir faire connaissance avec eux, apprendre leur histoire, me la faire raconter...

– Plus fâchée du tout, dis-je à Aaron en retournant vers la voiture.

Le « cottage » était encore plus grand à l'intérieur que son extérieur ne le laissait supposer.

– Le terme de « cottage » vous a surprise, me dit Aaron, mais c'est ainsi que l'on appelait les maisons de campagne au siècle dernier.

Un maître d'hôtel découpait un *cheese-cake* avec art, servait le thé...

Il me parut moins terrifiant que James. Peut-être étais-je en train de m'habituer ?

– Vous aurez certainement plaisir à venir ici, dit Aaron. La maison est en ordre de marche, prête à vous accueillir quand vous le désirerez.

Je n'osai pas demander combien de domestiques étaient en attente perpétuelle sur le *starting-block.*

– Que de bons moments nous avons passés ici avec Léa et votre... et Didi ! se rattrapa-t-il au dernier moment.

Je me mis à rire, lui aussi. Quelque chose se dénouait. La maison me plaisait. Il n'y avait pas de Rembrandt, pas de Velázquez, pas de Rubens, mais de très belles peintures américaines dont je ne connaissais pas encore le nom des auteurs. Un

Wollaston, des John Singleton Copley, des paysages de Bierstadt.

– Didi et Léa étaient de grands amateurs d'art et très musiciens. Je me pique de n'être pas trop maladroit comme pianiste...

– Jouez-moi quelque chose !

Il se débattit bien un peu. Pas trop quand même. Puis il s'installa devant un superbe Steinway et se mit à jouer le nocturne n° 1 en si bémol mineur opus 9 de Chopin.

Pure merveille. Plus fâchée du tout.

Enfin Paul arriva.

En *jeans* et en *yellow-cab*, ayant manqué la limace à l'aéroport parce que son avion avait de l'avance, et, dès qu'il fut là, on se mit au travail.

Il avait réfléchi de son côté, comme j'avais réfléchi du mien, et le miracle était que nous étions arrivés aux mêmes conclusions, lui et moi.

La clef de la Didisheim était Aaron. Je n'avais pas voulu la faire tourner dans la serrure avant que Paul ne soit là, mais j'avais tout préparé dans ma tête comme on prépare un discours du Trône.

Pas de *jet-lag* pour Paul. Il n'a jamais su ce que c'était. Il sort des avions comme d'une boîte et, aussitôt, le voilà opérationnel. Moi, j'étais enfin fraîche et reposée, on pouvait donner le coup d'envoi.

Ça se passa dans le bureau de Didi, portes fermées, tous les trois. Seuls.

Je parlai la première.

– Aaron, il va falloir tout m'apprendre : les affaires, les comptes, Wall Street, les hommes de la Compagnie, les erreurs à ne pas commettre, la façon de vivre avec les domestiques, les collaborateurs... Il va falloir m'apprendre à m'habiller, à me coiffer, à parler, à sortir, à recevoir...

– À régner ! sourit Aaron.

J'ai crié : « À travailler ! » et Paul a éclaté de rire.

– J'adore ma femme ! a-t-il dit avec ravissement, et il a ajouté : J'ai réfléchi depuis le coup de fil du premier soir, et je crois que la fortune d'Esther n'est pas une disgrâce pour elle, car elle va lui permettre de s'accomplir dans le travail. L'argent est une chose terrible si on ne sait pas s'en servir. Mais je peux vous prédire, Monsieur Goldstein...

– Aaron !

– Je peux vous prédire, Aaron, qu'Esther, elle, saura !

– Avec toi.

Aaron nous regardait en souriant.

Cher Aaron qui avait eu si peur de Paul avant de le connaître ! Souvent je me suis demandé s'il ne le préférait pas à moi. Mais nous en étions seulement aux premières mesures de la symphonie d'amitié que nous allions jouer ensemble. Paul et moi nous avions besoin de savoir. De tout savoir.

Je demandai quels étaient mes pouvoirs.

– TOUS les pouvoirs ! 68 % des actions de la Compagnie, Jonathan en a 12, mais il est maintenant sous tutelle, les autres actionnaires se partagent environ 10 %...

– Et le reste ? demanda Paul.

– Le reste c'est moi, dit-il modestement.

Un silence au bout duquel Aaron donne une précision :

– Je n'ai parlé que de la Compagnie. Il y a aussi la fortune personnelle qui est... considérable. Les propriétés. La *Résidence*, ici, le « cottage » qu'Esther connaît déjà, Boston, Long Island, la Californie. Les collections. Les bijoux !

De nouveau le silence que Paul rompt une fois de plus :

– Et que vaut la Didisheim ?

– Et bien, la dernière estimation était de...

– Je veux dire « que vaut la Didisheim quant à la qualité des produits » ?

– Bien, très bien. Très très bien, même... mais ça s'endort un peu depuis la mort de Didi. Il faudrait rajeunir tout ça, avoir un vrai chimiste pour dépoussiérer la maison...

– Ou vous acceptez le poste, Monsieur Fontaine, ou vous recevez sur la tronche un bronze de Michelangelo Buonarroti, sujet biblique qui fait TRÈS mal ! dis-je à Paul.

– Comme ils seraient heureux de vous voir, murmura Aaron, et ni Paul ni moi ne lui demandâmes à qui il pensait.

Au moment de nous coucher après la plus longue journée qu'avait dû vivre Paul depuis sa naissance, je lui demandai s'il avait sommeil.

– Pas du tout ! J'ai envie de marcher dans les bois (il désignait la toison de *Central Park*), de danser dans les rues, d'entrer dans les maisons, de soulever les toits comme Asmodée, d'écouter du jazz, de visiter la Didi...

– La Didi ?

– C'est pas comme ça qu'on dit ?

– On disait Didi pour Daniel Didisheim, mais c'est bien aussi pour la Compagnie...

– Adopté ! Maintenant j'ai trois propositions à te faire : Un, on laisse la Compagnie de Chimie existante s'appeler la Didisheim, on n'y touche pas, on la réveille seulement un peu, comme l'a suggéré Aaron, avec des chercheurs moins poussiéreux, j'y veillerai ; Deux, on crée de toutes pièces une autre compagnie : cosmétiques, parfums, beauté, et ceci avec ton propre argent. Exclusivement. Si on perd, tant pis pour nous ! Mais on ne perdra pas puisque la compagnie s'appellera Esther Mazel, et qu'Esther Mazel c'est toi !

Je n'ai pas demandé quelle était la troisième proposition car nous avions commencé à faire l'amour.

Le tonnerre vient d'éclater, déchirant mes souvenirs au moment où nos lèvres se rencontrent pour la première fois dans le Nouveau Monde. Le ciel est furieux, les volets claquent, des gouttes plates tombent dans la cheminée, le chien me regarde, gémit, s'inquiète. Je n'y peux rien, Berger, c'est la montagne, elle a ses humeurs et, chaque fois qu'elle dégouline, se ravine et se fend à la lueur froide et fugitive des éclairs, on croit que c'est la dernière fois, que tout va fondre, que les torrents impétueux qui entraînent la terre meuble vont emporter les sommets, niveler le paysage, noyer la vie. Mais demain, crois-moi, tout sera rentré dans l'ordre, le soleil se lèvera, réchauffant la nature apaisée ; il y aura quelques branches cassées mais les petites sources nées de la nuit chanteront. Le mouvement de la vie remplacera le mouvement de la destruction.

Aaron nous apprit que Didi avait eu une formation de chimiste. Il était de la branche « pauvre », la branche où l'on n'était *que* millionnaire. Samuel, le père de Jonathan, aurait dû hériter à sa place de la Compagnie, mais le grand-père en avait pris la mesure depuis l'enfance. Il s'intéressa à son neveu, l'engagea, l'étudia, le mit à l'épreuve. Un événement historique devait l'attacher à lui définitivement.

En 1928, il fut question que la Didisheim entre

en Bourse. C'était le moment de folie où tout le monde voulait gagner de l'argent ! de l'argent ! de l'argent ! *money ! money ! money !*, et se précipitait sur Wall Street. Samuel, qui était friand de toute connerie à la mode, emboîta le pas aux frénétiques malgré les réticences de son père et faillit l'entraîner à sa suite. Il était sur le point de l'emporter quand ce dernier demanda son avis à Didi.

– Qu'en penses-tu ?

Daniel lui fit une réponse surprenante :

– Hier, les cours étaient tellement hauts que j'ai eu peur ! J'ai vendu toutes mes actions !

Flair ? Génie ? Chance ?

Non, simple analyse d'un esprit clair.

On n'entra pas en Bourse, on fit comme Daniel, on vendit tout le portefeuille, et, après le krach de 29, on se trouva – comme le père Kennedy et Madame Rubinstein – bien plus riches qu'avant, au milieu des décombres et des morts de Wall Street. Mon grand-oncle en conçut pour Didi une telle admiration qu'il lui proposa sa fille et la Compagnie en mariage.

Cadeau complexe qui fut accepté avec reconnaissance en ce qui concernait la Compagnie, avec loyauté en ce qui concernait Léa.

Elle avait cinq ans de plus que lui, elle savait qu'il n'était pas amoureux d'elle, elle essaya de le rendre heureux, échoua mais parvint à ce qu'il ne soit pas trop malheureux. Jusqu'à la mort de leur petit garçon qui devait les rapprocher dans la douleur, en faire de tendres amis...

– Mais il n'aima jamais que ta mère, me dit Aaron qui s'excuse aussitôt : Pardon, Esther, je vous ai tutoyée !

– Je t'en prie, lui dis-je.

– Je t'en prie également, ajouta Paul.

Et on se mit à préparer le travail comme on prépare une fête ou un bal.

Exaltant.

Tout découvrir. Les origines des Didisheim : Autriche. Pays-Bas. Pologne.

– Et moi France. France. France, répondis-je à Aaron qui voulait savoir d'où venaient les Lévi.

Mes Didi n'avaient pas toujours été milliardaires. Ils étaient arrivés au début du XIXe siècle, misérables et affamés, dans un pays fait pour eux. D'abord colporteurs, puis marchands d'un peu de tout et de beaucoup de pas grand-chose, ou caissiers dans des maisons puritaines qui appréciaient leur honnêteté, leur courage, leur puissance de travail, ils avaient gravi les échelons de la société à la vitesse d'un ascenseur.

– Ensuite ils sont directement passés de la misère des débuts dans le *North End* au luxe des beaux quartiers de Boston, disait Aaron qui ajoutait : Tu y as, du reste, une magnifique demeure. Nous irons la voir tous les trois dès que nos activités le permettront.

Bien que milliardaires, ils n'étaient pas « reçus ». Les Astor et les Vanderbilt ne se seraient pas commis avec des juifs, des artistes ou des écrivains. Ce fut la chance des Didisheim. Ne faisant pas partie des « Quatre Cents », heureusement dispensés de mondanités imbéciles, ils découvrirent la musique et la littérature, se firent construire des demeures princières, y accrochèrent des chefs-d'œuvre, ramenèrent des marbres antiques et des meubles bijoux de la vieille Europe et, peu à peu, les mœurs évoluant et leur fortune devenant colossale, ils se trouvèrent au premier rang de la *Society*.

– N'oublions pas, cependant, que, pour habiter un appartement qui lui plaisait dans un gratte-ciel de New York, Helena Rubinstein dut acheter tout l'immeuble, les locataires ne voulant pas d'une juive pour voisine !

Cette histoire ne me fait pas rire du tout. Je vois qu'elle ne fait pas non plus rire Paul.

Il a sa tête sévère, sa tête pleine d'idées et de soucis. Il veut être à la hauteur des colporteurs du début. Il est furieux de ne pas parler anglais aussi *fluently* que moi. Il parle bien. Il veut parler mieux. Il mettra deux mois à y arriver et fera, devant le conseil d'administration de la Didi, un exposé fulgurant qui les laissera muets. Qu'auraient-ils pu dire, d'ailleurs, puisque nous sommes désormais à la tête de leur destinée ? C'est que les dés ont roulé depuis notre première rencontre ! Mais rassurez-vous, *distinguished partners*, on ne trahira rien, la Didi restera la Didi.

Mais la Mazel va naître.

Nous nous donnons deux ou trois ans pour la dévoiler au monde. Je demande à Gwen et à Jean de nous rejoindre, d'entrer dans la société. Ils accourent aussitôt mais c'est pour me dire qu'ils ne quitteront ni la France, ni l'enseignement. Ils aiment trop Molière, Shakespeare et les mômes. Je suis désolée et Aaron sourit :

– Comme tu es juive, me dit-il, tu as tellement besoin des tiens !

– Mais nous aussi on a besoin d'elle.

Gwen m'entoure de ses bras, sa manche glisse, et Aaron reste pétrifié en découvrant l'affreuse signature du camp sur la jolie peau dorée de soleil.

– Pardonnez-moi, dit-il en se détournant. Pardonnez-moi, répète-t-il comme si c'était lui le coupable. Puis il se reprend et nous propose, léger, de faire venir les bijoux que je n'ai pas encore vus.

Je pensais qu'il s'agissait d'une cassette qu'un convoyeur amènerait de la banque. J'ai été très surprise en voyant entrer trois mastodontes portant chacun une mallette noire attachée à son poignet par une chaîne de métal.

Silence sidéré tandis qu'ils détachent les bracelets qui les relient à la mallette, ouvrent les serrures, et se retirent dans la pièce voisine où ils resteront jusqu'à la fin de l'examen.

Spectacle effarant. Qui a porté ces rivières scintillantes, ces tiares surchargées de lourdes pierres, ces bagues serties de brillants, de saphirs, de rubis, d'émeraudes ?

– Tout ça est à toi, me dit Aaron qui me voit désemparée, presque hostile, devant tant de carats et tant de feux.

Je demande à Gwen de choisir tout ce qui lui plaît, mais elle est comme moi et secoue la tête. Nous ne porterons pas ces bijoux. Aaron est désolé, alors il nous fait l'article ! Le saphir jaune de ma grand-mère Rébecca ! La parure de la tante Myriam ! Les bracelets signés Fabergé qui furent donnés à...

– Ça !

Gwen a refermé sa main sur un bijou.

– Ça, répète-t-elle, il faut que tu le portes.

Lentement, doucement, elle ouvre sa main. Au creux de sa paume brille, éclatante, l'étoile de David.

Les mastodontes étaient repartis avec les mallettes attachées à leur poignet, les mallettes pleines des pierres qu'ils allaient rendre à la caverne d'Ali Baba où elles dormiraient, invisibles et froides, derrière des grilles, des codes, des serrures et des portes d'acier.

Nous n'avions gardé que l'étoile.

Enrichie de diamants, comme le disent les notices des musées sous la châsse d'une sainte ou sur la crosse d'un évêque mort depuis des siècles.

L'étoile.

C'est grâce à elle que Jean, Aaron et Gwen m'ont parlé de Maman.

Jean était le premier à l'avoir vue, Gwen la dernière. Aaron, lui, ne l'avait vue qu'à travers les yeux de Daniel, mais ces yeux étaient ceux de l'amour.

– Quand je pense, disait Jean, que, cette année-là, elle aurait pu préférer découvrir la Bretagne, la Savoie ou les Sables-d'Olonne au lieu de suivre son amie Claudette dans les Cévennes !

Ils me regardent tous comme s'ils avaient peur de me perdre, comme si j'allais disparaître.

Auberge de la Jeunesse, la Bécèdelle, été 1936. Deux jeunes filles venues de Paris sur ma montagne. Je n'existe pas. Marion ne sait pas que, dans quelques mois, elle va rencontrer celui qui sera mon père, mais déjà il est écrit dans le ciel que cette montagne sera ma montagne.

– Marion était gaie, dit Jean. La gaieté même. Une gaieté qui rendait heureux ceux qui la croisaient. Claudette est repartie très vite rejoindre son atelier chez Lucien Lelong, mais Marion était plus libre, elle est restée. Elle disait : « Je me sens chez moi ici ! Je veux comprendre pourquoi ! » Alors je l'ai amenée au Mazel en me demandant comment ça allait se passer avec ma sainte famille...

Ça se passa si bien qu'elle finit son séjour chez eux. Elle les adopta. Ils l'adoptèrent. Tout de suite. Elle les fit rire, les tutoya d'emblée, demanda à Mémé d'accepter d'être sa mémé et ce fut accepté. Elle enchanta Abraham en l'accablant de questions sur l'histoire des camisards, lui raconta l'histoire des Lévi et déclara : « C'est bête que Jean et moi on ne soit pas amoureux l'un de l'autre, parce que j'aurais bien épousé le Mazel ! » Elle dessinait sans arrêt et leur confia qu'elle était morte de trac parce qu'elle concourait pour le Prix du plus beau flacon de parfum qui serait attribué avant la fin de l'année par un jury international. Le jour de son départ, elle dit à Abraham : « Quand tu sens la fin du monde proche, tu me fais signe et j'accours ! Je veux la voir venir assise près de toi et des tiens depuis la Combe des Septante ! » Il avait ri, la fin du monde ! Il n'y avait que Marion pour avoir ce genre d'idée ! En décembre ils recevaient la lettre leur annonçant qu'elle avait eu le Prix. L'automne suivant, elle leur annonçait une autre nouvelle.

Moi.

Les regards se tournent vers Aaron. À lui maintenant de renouer les fils.

Décembre 1936, en compagnie de Léa, il accompagne Daniel Didisheim jusqu'au transatlantique qui l'emportera vers la France. Didi doit présider un jury qui va décerner le Prix du plus beau dessin de flacon de parfum.

Il doit également rencontrer plusieurs personnes à Paris. Il emporte de lourds dossiers. Contacts importants. Voyage de travail. Aussi Léa a-t-elle décidé de ne pas l'accompagner.

Aaron se tait, mal à l'aise.

– Il ne faut surtout pas imaginer que Daniel partait avec l'idée de s'amuser à Paris ! De même il ne faut pas imaginer que Marion a cherché une aventure avec un homme fortuné...

– J'adore Aaron, dit Paul, et nous sourions tous devant ce quinquagénaire rougissant à l'idée qu'il pourrait ternir une réputation.

– Mais c'est important pour la suite de l'histoire ! insiste-t-il, de plus en plus rouge. Il faut savoir que le premier contact a été purement professionnel ! Artistique. Sévère, même. Didi a été séduit par la pureté des dessins de Marion. Il ne l'a vue que le jour de la remise du Prix et ce jour-là, bien sûr...

Nous attendons tous la suite, que s'est-il passé ce jour-là, Aaron ?

– Eh bien, ce jour-là, il a fait comme Mémé, il l'a aimée tout de suite !

Il l'a aimée tout de suite mais, du côté de Maman, ça n'a pas été aussi simple.

Un métier d'art, des créations de luxe, la fréquentation des plus grands noms de l'élégance parisienne, mais le cœur est à gauche, Marion lit *Vendredi*, s'enflamme pour l'Espagne républicaine et se méfie des capitalistes. Bien sûr, elle reçoit son Prix avec joie. Ce Prix lui ouvre des portes sur son art, elle en est consciente et heureuse. Elle le reçoit au dernier étage de la Tour-d'Argent, sous un arbre de Noël scintillant, au milieu des roses, des discours et des magnums de champagne.

Elle est invitée à déjeuner le lendemain au Ritz, elle croit qu'elle va y retrouver tout le jury et a la surprise d'être accueillie par le président. Seul. Ce bel homme si élégant, si réservé, timide même, qui lui propose de la faire venir aux États-Unis pour travailler dans sa Compagnie l'intrigue.

– Je crois en votre talent..., assure-t-il gravement.

Elle secoue la tête avec grâce :

– Excusez-moi, Monsieur Didisheim, mais j'aime trop le camembert et le vin rouge, je ne quitterai jamais mon pays ! On m'appelle Marion mais mon vrai nom c'est Marianne, explique-t-elle gentiment. Avec un nom pareil pas question d'abandonner la France ! Que diraient mes ancêtres les Gaulois ?

Il sourit et poursuit, tenace. Il lui raconte la Didisheim, l'épopée de ses ancêtres, la vie à New York, le fonctionnement de la Compagnie. Elle écoute. Le récit est passionnant, elle est attentive, il croit avoir gagné et, catastrophe, lui promet qu'elle gagnera beaucoup plus d'argent qu'en restant à Paris...

Elle a froncé les sourcils. Il ne s'en est pas rendu compte.

Il veut tellement la convaincre de le suivre qu'il accumule erreur sur erreur. Elle croit qu'il veut l'acheter, elle a repoussé son assiette et le regarde, glacée, lui faire l'article pour le Nouveau Monde.

– Je hais l'argent, dit-elle doucement.

Alors il lève les yeux sur elle, épouvanté par ce qui lui arrive. Épouvanté par le désir qu'il a de la prendre dans ses bras, de lui dire à quel point il la trouve belle. Unique.

– Je hais l'argent...

Il se sent misérable. Elle va partir, disparaître, le laisser seul...

– J'ai besoin de vous, Marion, murmure-t-il dans un souffle.

Elle l'a regardé.

Elle est restée.

Aaron ne raconta plus rien des brèves amours de Marion et de Didi. Aller plus avant dans la confidence eût été indiscret, disait-il. Nous le comprenions tous. Il ajouta seulement qu'elle refusa toujours de le suivre, qu'elle ne lui dit jamais qu'elle attendait un enfant, qu'il ne sut que j'existais qu'en apprenant sa mort.

– Trop tard, hélas ! pour te connaître, Esther.

Silence.

Le tour de Gwen était arrivé. Le moment le plus douloureux du récit. Je serre les poings.

– Elle m'a tout de suite fait rire, dit Gwen, et je desserre les poings.

Les poèmes. *That's for remembrance !* Les clins d'œil, la vaillance au cœur de l'horreur. La force d'aider les autres.

Dès que je fus en sécurité au Mazel, Marion disparut dans un des premiers réseaux de renseignements. Elle était devenue Denise Mercier. Avant d'être arrêtée, un soir elle avait pu se glisser rue de la Bienfaisance pour embrasser son père. Ce fut la dernière fois. Elle était venue en cachette, à la nuit tombée. Elle avait vu l'étoile sur sa poitrine. Là où, en 1916, on lui avait accroché la Croix...

Ils s'étaient regardés sans parler. Ils pensaient à l'arrière-grand-père mort pour la prise de la Smala, au grand-père mutilé à Sedan, à la boue de Verdun...

Un tumulte fait d'ordres aboyés et de bruits de bottes montait de la rue comme une odeur pestilentielle.

– On les foutra dehors, ces fumiers, Papa !

Marion était hors d'elle.

– Oui, mais n'en profite pas pour être grossière, avait dit son père si sévèrement qu'ils s'étaient séparés dans un éclat de rire.

Gwen ne savait pas que Marion était juive. Personne ne le savait au camp. Elle avait été arrêtée pour faits de Résistance. Denise Mercier. Peu à peu, partageant la même paillasse, la même couverture trouée avec Gwen, échangeant des poèmes comme des femmes libres échangent des bijoux et des parures, elle prit confiance.

– Un jour, non, une nuit, elle me glissa dans

l'oreille qu'elle était juive. Je lui dis : « Je suis bretonne ! » sur le même ton de confidence et ça nous a fait rire...

Paul m'entoure de ses bras. Jean tient la main de Gwen. Aaron souffre, debout devant la fenêtre, dos tourné au récit.

– Elle me dit un jour – nous étions en train de charger du charbon sur des wagonnets –, elle me dit, mondaine : « Ah ! *sweety*, si d'aventure tu vois Hitler avant moi, songe à le remercier ! Sans lui je n'aurais jamais su à quel point j'étais juive ! » Et puis elle me parla de toi. J'étais la seule à savoir que tu existais. À savoir le vrai nom de celle qu'on appelait Denise. Elle devait me dire où tu étais cachée, elle n'en eut pas le temps... il y eut l'histoire d'Anicka... le jeûne...

Mais le portrait en trois dimensions de Marion s'arrête là. Gwen n'alla jamais plus loin que le nom d'Anicka et l'allusion à ce jeûne. Et maintenant elle est partie avec tous les mots jamais prononcés. La toile restera inachevée. Le peintre ne signera pas.

Le parfum.

L'accomplir. Puis le répandre à travers le monde.

Cévennes.

– Impossible, me dit Gwen. *Cévennes* c'était un nom envisageable quand vous ne pensiez qu'à l'exploiter sur la France. Les Anglo-Saxons qui liront *Cévennes* sur un flacon diront *Sivine's.* Objectif manqué. Il te faut trouver autre chose.

J'étais triste. Il me semblait trahir ma montagne.

– *Seven*, dit Paul.

– Oui, *Cévennes*, répondis-je. On tourne en rond !

– Je n'ai pas dit *Cévennes*, j'ai dit *Seven* ! Tiens, je vais te l'écrire !

– Le chiffre Sept ! Avec tout ce que ça représente ! Le chiffre sacré ! Merci ! quelle trouvaille ! s'écria Aaron avec soulagement et, s'adressant à Gwen, il ajouta : C'est très important parce que, quand on écoute Paul et Esther, on se rend compte que le parfum emplit tout l'espace ! Et quelle astuce pour appâter la Presse ! Cévennes ! *Seven* ! Pourvu que le nom ne soit pas pris ! Bravo, Paul, tu nous tires une belle épine du pied !

Il continuait à parler le français comme on ne le parlait déjà plus en France. C'était charmant. Je voulais toujours le questionner, savoir qui était responsable de ses tournures de phrases, de son vocabulaire, mais comme il le disait si bien : « le parfum emplissait tout l'espace », et, avec la construction du laboratoire de Paul à North Arlington, de l'autre côté de l'Hudson River, avec la restructuration de la Didisheim, la création de la Mazel, la recherche de collaborateurs, et la recherche en elle-même, nous avions un tel emploi du temps que les jours passaient sans que l'occasion se présente.

Il eût dit : « ne se présentât ».

Jean et Gwen étaient repartis à bord du *Château de Versailles* ou d'*Amboise*, je ne sais plus. La France me parut très loin quand je vis décoller le 707, et je plongeai encore plus profondément dans le travail, ce qui ravissait toujours Aaron. Je devinais que je lui devais en grande partie la décision qu'avait prise Léa de faire de moi son héritière. Il avait dû me peindre des plus rares couleurs pour qu'elle finisse par me voir avec les mêmes yeux que lui.

Il s'en défendait. Disait qu'elle avait pris la décision seule, en toute connaissance de cause. Et en toute connaissance du pauvre Jonathan qui était toujours en clinique, et de son père qui avait failli ruiner la Didi.

– Un homme comme ça vous mangerait des royaumes !

J'éclatai de rire et je saisis, comme il l'aurait dit, « l'occasion aux cheveux » :

– Qui t'a appris à parler comme ça, Aaron ? Qui t'a donné le pouvoir de faire apparaître la France en une seule phrase ?

– C'est Mademoiselle, dit-il avec une émotion de petit garçon.

– Mademoiselle ?

– Oui. Nous avons eu une gouvernante française. Elle est arrivée à la maison tout de suite après la

Grande Guerre, je venais d'avoir dix ans. Elle était en deuil. Son frère et son fiancé. Le Chemin des Dames et Verdun. Elle nous a élevés, mon frère, ma sœur et moi, c'est elle qui nous a mis au piano, puis elle a élevé mes neveux... J'aurais aimé lui confier mes enfants à mon tour, mais hélas...

Il se tait. Il n'en dira pas plus ce jour-là. Pudique, élégant Aaron, qui revient à Mademoiselle :

– Blanche Bélondrade. Quand elle s'est éteinte dans son Ariège natale elle allait prendre ses quatre-vingt-trois ans.

Oh ! Aaron, comme je t'aime ! Comme j'aime Mademoiselle ! Comme j'aurais voulu connaître Blanche Bélondrade qui, non seulement t'a appris notre langue, mais t'en a légué le parfum.

Je viens de l'appeler. J'avais besoin d'entendre sa voix.

Il était sorti.

J'ai été déçue comme un enfant à qui on refuse ce qu'on lui a promis.

Et si je téléphonais à François-Xavier ?

Mais François-Xavier n'a pas pour moi la même indulgence qu'Aaron.

François-Xavier va m'engueuler et, comme je sais qu'il a raison, ça va me faire mal.

Aaron m'a rappelée.

Affolé.

– Qu'est-ce qui se passe ?

– J'avais envie de te parler.

– Du nouveau ?

Il n'ose pas prononcer le nom de Paul. Moi non plus.

Il n'ose pas me demander si j'ai pris une décision pour mon retour.

Il me dit que tout va bien.

Quand je pense qu'on l'a planté là tous les deux, partant chacun de son côté en catastrophe, Paul d'abord, moi ensuite, lui laissant les clefs, les décisions, les problèmes...

– Et toi, Aaron, tu vas bien ?

Il va très bien, il était allé applaudir la collection de Cecil. Magnifique ! « Tout le monde demandait où tu étais mais je n'ai rien dit ! Même pas à Cecil. »

On s'embrasse. On raccroche. Je me sens loin de tout. De tous.

J'ai fait le ménage à fond.

J'avais besoin de bouger, de me fatiguer, d'occuper mes mains.

Inerte, désœuvrée, inutile, je pense trop à Paul et j'ai mal.

Lavé, ciré, frotté.

Juste un répit. Après l'effort on retrouve le chagrin intact.

J'ai fini mon grand nettoyage par la chambre de Jean.

C'est une chose horrible que d'ouvrir les tiroirs d'un mort. On a l'impression qu'il vous regarde. Reproche silencieux. Le tiroir de sa table de chevet, trop plein, est resté entrouvert. Des lettres, des carnets noirs – je les reconnais, ces carnets sur lesquels il prenait des notes au lycée –, une pochette de correspondance d'Air France, une photo...

Je me suis assise sur le lit.

Le passé me souriait, verre en main.

Sans doute un des premiers brunchs à la *Résidence*.

Paul, Cecil, Gwen, Jean, Aaron et Mimi. Les membres fondateurs. Ils me regardaient en riant – je n'étais pas sur la photo, c'est moi qui l'avais prise. Dans l'ancienne chambre de Didi transformée en roulotte pour les besoins de ce que Paul appelait nos Universités. Ils me regardaient avec confiance, assis par terre sur les tapis de Chiraz, devant le feu flambant dans la cheminée.

Le tout début, avant la bataille, bien avant la victoire. Le temps où l'on remplissait la page blanche, où l'on préparait la venue du parfum, l'éclosion de la première ligne de cosmétiques, l'ouverture des Instituts. Le temps où ils me préparaient, moi, l'inconnue, à devenir Esther Mazel.

François-Xavier n'est pas sur la photo. Il entre en scène beaucoup plus tard. Il manque au tableau.

Il me manque aussi.

J'ai refermé la porte de la chambre de Jean. J'ai fait le tour du propriétaire, et j'en ai conclu une fois de plus que François-Xavier avait du génie. Arriver à faire d'une jasse tricentenaire un miracle d'électronique, de luxe et de confort sans violer son âme, sans remplacer une seule pierre, une seule lauze par du bidon, chapeau ! Je me suis assise dans l'ancienne bergerie, j'ai appuyé sur un bouton et j'ai regardé clapoter le jacuzzi en pensant à ce mois que Papa et François-Xavier avaient passé ensemble au moment des travaux, à leur amitié si économe de mots, si riche de joies partagées, à leurs fous rires...

La cave creusée dans le roc a l'air d'avoir le même âge que la plus ancienne partie de *l'oustau negre*. Impressionnante. Le contenant comme le contenu. Cheval-Blanc, Pétrus, Rayas, Yquem... ces merveilles me désolent. Ni Jean, ni Paul, ni personne avec qui lever son verre. Hygrométrie parfaite. Inutile. Pas envie d'aller chercher le tire-bouchon.

Comment Aaron, le pieux, le discret, l'austère Aaron avait-il pu me dénicher l'extravagant Cecil ? Comment était-il entré en contact avec cet homosexuel déclaré, ce couturier en perpétuelle rupture de consensus avec ses pairs, avec cette coqueluche d'un New York qui n'avait rien à voir avec la *respectable society* ?

Par la femme de son dentiste. Elle peignait au couteau des prairies bleues et des ciels verts, horribles, les vendait très cher dans la galerie la plus *expensive* de SoHo et ne jurait que par Cecil, « le seul couturier qui se foute de la mode ! »

Grand, mince, tondu comme un *marine*, toujours vêtu de noir, Cecil est poli et doux, mais sous la douceur, quelle volonté !

Il est venu me voir à la *Résidence* et on a parlé cinq heures. Conversation incohérente à première vue. Conversation formidable. Confession. Communion. Confrontation. Exploration. Il a regardé un par un les tableaux de la collection Didi, bouleversé par cette armée de beauté, de violence, de grâce, de douleur et de civilisation qui était là, au garde-à-vous sur les murs. On est restés assis dans l'escalier, sur la marche où j'étais tombée en regardant le Rembrandt, pardon : où j'étais tombée parce que Rembrandt m'avait regardée. J'ai raconté le choc de ma rencontre avec Harmenszoon Van Rijn et on a ri si fort que James est venu, l'air douloureux comme toujours, pour demander *les ordres de Madame*. Il a eu l'air encore plus douloureux quand je lui ai dit que je servirais moi-même parce que nous avions à travailler et qu'on dînerait très tard.

– Mais où est le Rembrandt ? s'est étonné Cecil en regardant le Mondrian sur le mur.

Le Rembrandt était dans ma chambre, décision de Paul.

– Paul, c'est le mari ?

– Paul, c'est le mari !

Paul était absent, parti surveiller les travaux qui n'en finissaient pas dans le futur laboratoire.

– Racontez tout ! dit Cecil.

On est montés dans la chambre. Ah ! le Rembrandt ! Terrible ! Et la vue ! Les arbres ! Envie de marcher sur cette mer verte et houleuse ! Aimez-vous les écureuils ? Bien sûr ! On s'est assis par terre, on était bien, je parlais, je parlais, et Cecil écoutait, les yeux mi-clos comme s'il était une machine fine, sophistiquée, destinée à enregistrer toutes les données d'un dossier complexe. Le dossier Esther.

L'odeur des brebis. Je lui ai parlé de l'odeur des brebis et il a ouvert grands les yeux comme s'il entendait passer le troupeau, comme s'il voulait surtout ne pas manquer la vision. Je lui ai montré le manteau de laine, leur laine, que je portais, six ans plus tôt, quand j'avais débarqué à New York pour la première fois. Il l'a tenu dans ses mains, il l'a regardé longuement comme un archéologue scrutant les lambeaux du voile d'une reine défunte, puis il l'a, lui-même, remis sur son cintre, avec d'infinies précautions, j'ai dit :

– Je ne sais pas du tout m'habiller.

– Déshabillez-vous, a-t-il dit.

Non. Je me trompe, il n'a pas dit, il a ordonné :

– Déshabillez-vous !

J'étais toujours par terre, en *jeans* et en *T-shirt*. L'ordre m'avait laissée sans voix. Me déshabiller. Devant cet homme que je ne connaissais pas la veille ? Il vit mon hésitation et, derrière mon hésitation, mon désarroi. Il se mit à rire. Si gentiment. Il me prit la main pour m'aider à me relever.

– Une autre fois, dit-il. C'est parce que j'ai besoin de connaître, *how do you say in French... oh, yes* : la page blanche.

La page blanche. Ce que Paul m'avait expliqué quand on tâtonnait pour définir *Seven* sur le papier.

Le *jeans* est allé rejoindre le *T-shirt*, je ne portais pas de soutien-gorge, les grandes chaussettes, envolées ! Cecil me regardait... un regard d'ingénieur, concentré, sérieux... j'ai enlevé mon slip de coton.

– *First class*, a-t-il dit et Paul est entré.

Paul est entré et a demandé :

– Je gêne ?

J'ai rougi jusqu'aux orteils et j'ai mis mes mains là où Vénus avait mis les siennes sur le tableau de Botticelli. Tout ça, la rougeur, Vénus, Botticelli, je l'ai su par eux, après, sur le coup j'étais au supplice. Sonnée. J'ai fait les présentations :

– Mon mari... Cecil...

L'expression de Paul était indéchiffrable. Cecil lui a tendu la main en disant :

– Détail important, Monsieur, c'est vous qui ne devrez jamais vous déshabiller devant moi !

Paul a ri et a pris la main tendue. Je m'étais précipitée dans la salle de bains, mes vêtements sous le bras, je me rhabillais en tremblant, il me manquait une chaussette, j'entendais le bruit de leurs voix, je ne comprenais plus ni l'anglais ni le français, puis ils ont éclaté de rire ensemble et je suis revenue, j'ai ramassé ma chaussette, je n'arrivais pas à la mettre, ils me regardaient tous les deux.

– *First class*, a dit Paul, vous avez raison.

Sur la photo, Mimi fait griller des châtaignes dans la poêle trouée que Papa m'a expédiée du Mazel.

Mimi ! Cecil l'avait rattrapée au vol comme elle s'apprêtait à quitter New York pour retourner à Quiberon prendre une retraite bien méritée après une tumultueuse carrière chez Helena Rubinstein.

Au début elle l'avait envoyé au diable. Elle était fatiguée, elle allait avoir soixante ans, elle en avait marre de la statue de la Liberté, elle avait besoin de retrouver sa Bretagne natale, les langoustines, le cidre et le vent qui vient de Belle-Île. Elle l'avait cependant écouté quand il lui avait dit que j'étais française, que j'avais besoin d'elle, qu'elle était la meilleure, bref, elle remit la Côte Sauvage à plus tard, accepta de me rencontrer *juste pour voir* et resta dix ans avec nous.

Le contraire de ce qu'on imagine en pensant à une esthéticienne. Mimi était petite, pas belle, mal embouchée et éventuellement grossière, mais elle aimait les femmes. Pas pour les consommer mais pour les aider à être elles-mêmes. La première fois qu'elle massa mon visage, je crus être arrivée au Paradis. Cette petite brute devenait douce et suave quand elle s'adressait à la peau de ses clientes. Quitte à les bousculer à nouveau une fois le soin terminé. Et les clientes adoraient Mimi, se disputaient ses faveurs et ses humeurs, se battaient pour obtenir une séance de soins, la couvraient de cadeaux somptueux qu'elle acceptait en bougonnant.

On s'aima tout de suite ; on s'engueula aussitôt ; elle m'apprit tout de son métier, forma des bataillons d'esthéticiennes pour moi, testa mes crèmes et mes lotions avec férocité et ne me quitta que quand elle fut sûre que je pouvais avancer seule et sans lisières dans la jungle impitoyable de la beauté.

Époque merveilleuse où le tire-bouchon a joyeusement fonctionné à la Didi. Sans jamais nous faire perdre le cap.

J'ai entendu du bruit dehors et je suis sortie comme une folle, pour surprendre Violetta au milieu de ses chèvres. Elle a eu peur en me voyant. Et moi j'ai eu mal en voyant ce que la vie avait fait d'elle.

De sa beauté il ne reste que les yeux. Des yeux clairs, des yeux de chèvre. J'avais dit : « Violetta, c'est moi ! C'est moi, ton amie Esther ! » pour la rassurer. Mais elle s'était réfugiée, farouche, au milieu de ses bêtes. Et toutes me regardaient de leurs yeux dorés. Même la fameuse brebis qui se prenait pour une chèvre malgré ses yeux laiteux. J'ai dit : « Ricounette ? » et Violetta a fait signe que oui.

Elle avait posé sa main sur la tête de la brebis. Doucement. Une main pleine d'amour.

Mon chien ne disait rien, attendant un ordre pour intervenir. Il s'était assis, bienveillant et sage, mais attentif.

Sur le seuil, une fois de plus, Violetta avait déposé des pélardons. Je n'osais pas lui proposer de l'argent, je savais qu'elle attendait autre chose. Mais quoi ? J'étais révoltée, moi, la riche, d'être nourrie par la générosité des pauvres.

J'eus une idée, criai : « Ne bouge pas ! », me précipitai dans la maison, grimpai quatre à quatre les marches de l'escalier, attrapai des joggings, des polos, des chandails dans l'armoire de ma chambre, avant de redescendre en courant, haletante, la moisson de laine et de soie dans mes bras.

Trop tard. Violetta, Ricounette et les effrontées étaient déjà loin du Mazel.

J'étais affreusement déçue.

Je rentrai, posai mes vêtements sur la table, désemparée.

Le Hollandais avait abandonné Violetta... Détruite, Violetta ?... je ne voulais pas l'admettre. Dans ses yeux il y avait encore cette petite flamme qui est celle de la vie, du courage...

– Où en étions-nous ? demandai-je au chien.

Il me répondit qu'il avait faim et, en préparant sa

soupe, ma pensée retourna une fois de plus à New York.

J'avais peur.

Plus on approchait du moment où la Mazel allait exister, où Esther Mazel – c'est-à-dire moi – allait exister, où les effluves de *Seven* allaient se répandre dans l'atmosphère terrestre, plus j'avais peur.

Peur des réactions.

Peur d'une absence de réaction.

J'avais une totale confiance en *Seven*. Mais moi ? Serais-je à la hauteur du rôle que Paul avait décidé de me faire jouer ? J'avais rêvé de devenir parfumeur, pas ambassadeur.

Je pensais aux « Grandes ».

Helena Rubinstein et Elizabeth Arden avaient tout inventé, tout créé ! Et tout changé dans les relations de la société vis-à-vis de la beauté. Grâce à elles, maintenant, tout était permis. Bien au-delà du *soupçon* de rouge, du *nuage* de poudre et de la *touche* de parfum.

Elles avaient fait tout le travail, déverrouillé toutes les portes bardées de préjugés et d'interdits. Que me restait-il à découvrir maintenant que Madame Rubinstein avait créé la première *colored powder* et que Miss Arden avait rendu « convenable » la fréquentation des instituts de beauté ?

Aussi géniales l'une que l'autre, la juive et la protestante...

– Comme, toi, tu es les deux, tu as toutes les chances !

Pour qu'Aaron, qui plaisantait si rarement avec les choses de la religion, se permette de parler ainsi, il fallait que le challenge l'excite au plus haut point.

– Et, en plus, elle est française ! ajouta Mimi, comme si ça me donnait des points d'avance.

– Parisienne ! renchérit Cecil.

J'éclatai de rire. Je ne connaissais de Paris que le trajet de la gare de Lyon à l'aéroport d'Orly !

C'était pourtant vrai ! Abrutis de travail, on avait tous oublié que j'étais encore bien proche de la fille au manteau tricoté qui tombait de sa montagne en plein New York. Sans que j'aie à ouvrir la bouche pour donner mon avis il fut décidé que je partirais finir mes Universités au Ritz, 15, place Vendôme, à Paris.

Seule, bien sûr.

Seule ?

– Évidemment, avait dit Paul. Tu n'as besoin de personne, tu parles la langue que je sache !

J'avais fait la danse des sept voiles pour tenter de l'entraîner avec moi. Peine perdue. Il ne pouvait pas lâcher le laboratoire et son équipe toute neuve. Aaron lui, depuis sa blessure, ne supportait plus les longs trajets en avion.

– Et si j'invitais Cecil à m'accompagner ?

– Jamais de la vie !

La violence de la réaction de Paul me sidéra. Que craignait-il ?

– Je n'ai aucune confiance, me dit-il.

– En Cecil ?

– Non, en l'homosexualité ! *Idem* pour les curés ! Tiens, ton joli professeur de latin du Mazel qui t'embrasse comme du pain bénit chaque fois qu'il te voit, eh bien, je n'ai aucune confiance !

Je riais. Paul aussi.

Qu'est-ce qu'on était bêtes !

Qu'est-ce qu'on était bien !

Pour que ma candidature soit acceptée par Monsieur Auzello, l'administrateur du Ritz, et par Monsieur Zembruski, le directeur des relations avec la clientèle, il avait fallu montrer patte blanche et dévoiler que Mrs Paul Fontaine, de New York, était la fille d'un fidèle client d'avant-guerre, Monsieur Daniel Didisheim.

Monsieur Didisheim de la Didisheim.

Cette information était amplement suffisante pour m'ouvrir une suite avec vue sur la colonne Vendôme.

Appartement 134. Celui de Monsieur Didisheim.

– J'aime ces sévères maisons d'autrefois, disait Aaron avec ravissement. Au moins on sait avec qui on se commet ! Le jour où on entrera au Ritz comme dans un moulin sera le jour de la fin du monde !

J'ai mis dans ma valise un cahier à spirale qui me restait de la fac.

Sur la première page, des années plus tôt, j'avais noté la formule de la rose de France.

Citronellol
Alcool phényléthylique
Géraniol de géranium

Il allait me falloir trouver la formule qui ferait de moi l'Esther Mazel de Paris.

Paris.

D'abord la rue de la Bienfaisance.

Le cœur battant.

Hélas ! aucun souvenir.

Rien ne remonte du fond de la mémoire. Rien qui me permette de m'accrocher au passé. Pas la plus infime miette. Ni le bruit de la porte s'ouvrant sur le vestibule, ni l'odeur qui sort de la loge de la concierge, ni la pénombre de l'escalier... rien.

Tout est effacé. Et je ne sais pas non plus retrouver le chemin du square où le colonel et moi nous donnions à manger aux pigeons il y a plus de vingt ans.

Aucune trace ne subsiste des Lévi. Avons-nous jamais existé ?

Je suis venue à pied depuis le Ritz, mon guide à la main, et maintenant je reste immobile sur le trottoir où des passants pressés me bousculent.

Je suis à Paris.

J'y suis née. Aujourd'hui j'y suis perdue. Étrangère. Je n'ai pas la clef qui permet d'entrer dans la ville. Je vais droit devant moi. Où ? Je ne sais pas. Je lis des pancartes : Opéra, Tuileries, Concorde, Palais-Royal... beaux quartiers...

Soudain j'ai eu faim, c'était l'heure, mais je n'ai

pas osé pousser la porte d'un restaurant. J'aurais voulu manger un *hot dog* à un carrefour, debout dans la rue, en plein vent, comme j'aime le faire à New York. Apparemment ce n'est pas le genre à Paris... J'ai marché, découvert *Rumpelmayer* sous les arcades de la rue de Rivoli. J'ai osé entrer ; il n'y avait que des dames, joyeuses et chapeautées, et de très vieux messieurs rasés de près, devant des chocolats crémeux, des mille-feuilles et des meringues.

J'ai commandé un thé de Chine, j'en ai bu trois gorgées puis je suis partie.

– Quelle fragrance exquise, Madame, m'a dit courtoisement un très vieux monsieur, se soulevant à demi comme je passais devant sa chaise.

C'était la première parole qu'un inconnu m'adressait depuis mon arrivée à Paris.

Je suis rentrée au Ritz tout proche, j'ai pris ma clef, le lift... je me suis arrêtée devant la suite Marcel-Proust. J'avais besoin de dire à quelqu'un qu'un vieux monsieur avait apprécié mon parfum. Mon parfum encore secret qui voyageait incognito avec moi. Puis je suis entrée dans ma chambre et je me suis assise face à la fenêtre, les yeux fixés sur le décor imaginé trois siècles plus tôt par Jules Hardouin-Mansart.

Enchantée.

Par la beauté de ce que je voyais, bien sûr, mais enchantée par le sortilège qui me clouait, paralysée, sur ma chaise tendue de brocart, moi qui étais censée prendre la capitale d'assaut.

Brusquement j'en ai eu marre du sortilège ! Ou peut-être ai-je eu vraiment faim ? Je me suis levée et je suis descendue dîner à *L'Espadon*, comme une actrice descend en scène pour le premier acte.

Je n'avais pas retenu de table et le maître d'hôtel était embarrassé. « Complet ! nous sommes complets, Madam Fontaine. » Il me demanda une minute pour consulter ses réservations, voir ce qu'il pouvait faire... Je restai debout en attendant qu'il revienne et le *Numéro 5* entra.

Chanel. Mademoiselle Chanel. Coco. Gabrielle, Chanel, quoi !

Je la regarde s'installer à « sa » table. Sa table à l'écart, à l'abri. Son refuge. Son île.

Le maître d'hôtel bourdonnait autour de moi, m'entraînait vers le guéridon qu'on avait rajouté, « Complet ! nous sommes complets ! », et me demandait de les excuser... de quoi ? Depuis mon guéridon j'ai vue sur Mademoiselle !

Sous le canotier enfoncé jusqu'aux yeux éclatants je vois le beau visage de la solitude. Je rencontre un regard sans indulgence. Je le soutiens. Moi aussi je viens des cailloux et du vent. Nos montagnes se touchent depuis la création du monde. Chanel a su devenir elle, il va falloir que je devienne moi. Je respecte son désir de paix au cœur de sa gloire. Je n'irai pas lui dire mon admiration comme le fait bruyamment une grosse dame en rose qui se trémousse devant sa table et à qui, reine importunée, elle accorde un sourire glacé.

Je n'irai pas non plus la voir de l'autre côté de la rue Cambon. Ce n'est pas chez elle que je choisirai *le petite robe incoturnable* et *le grande robe epustuflante* que Cecil m'a fait jurer de ramener de Paris. Je ne veux pas entrer dans un moule, fût-il dessiné par la géniale Mademoiselle.

Une bouffée de *Numéro 5* vient vers moi... Elle en met trop.

Mais c'est à elle que je dois d'avoir su, ce soir-là, que l'impossible était possible.

Après ce choc frontal, je ne suis guère restée les deux pieds dans le même sabot !

Dès le lendemain matin je fonçai sur le concierge.

Créature mythologique, hydre serviable à plusieurs têtes et au bras long, le concierge officiait derrière une banque d'acajou et de cuivre, maître absolu du domaine où se trouvent les réponses à toutes les questions.

Pour ne pas avoir l'air trop niaise j'abordai Monsieur Gérard en anglais, me risquant parfois à sortir une phrase en français avec un accent terrible pour faire vrai.

Monsieur Gérard savait tout, obtenait tout. Il vous prédisait le temps qu'il ferait trois jours plus tard, vous dénichait la meilleure table d'un restaurant assiégé, vous prenait rendez-vous chez Dior ou Balenciaga pour le jour même, savait avant tout le monde à quelle date tel soliste soviétique serait à Pleyel, quel souverain viendrait visiter la capitale incognito... Il savait aussi que pour gagner le cœur de Paris, il fallait le parcourir à pied, qu'il pleuve, qu'il vente ou que le soleil brille.

Il savait tout. Avec un tel maître, je fis des progrès stupéfiants.

Je les notais sur mon cahier d'écolière.

– Où en es-tu ? me demandait Paul au cœur de ma nuit qui était le jour pour lui.

Je répondais que tout était inscrit dans mon cahier à spirale. J'avais besoin d'aller au bout de l'expérience, de ne rien émietter en chemin.

– Et toi ? lui demandais-je.

Il me répondait :

– Je te dirai à ton retour.

Il m'annonça seulement que Jules venait d'arriver à New York.

– Il va travailler avec nous ?

– Il travaille déjà avec nous.

– Il va rester à New York ?

– Je te dirai à ton retour.

Jour après jour je remplissais les pages du cahier. Quand il fut plein, j'en achetai un autre à

Prisunic. Compte rendu des séances chez Helena Rubinstein, rue du Faubourg-Saint-Honoré. Mimi m'avait recommandé Élodie :

– Je l'ai formée, tu peux y aller les yeux fermés, elle ne te défigurera pas !

Je notai :

Élodie m'a demandé quel était le parfum délicieux que je portais. J'ai fait la bête, j'ai dit que j'avais oublié le nom, que j'en avais versé quelques gouttes dans un flacon de voyage juste avant de partir. Elle a dit : « Dommage, c'est un délice ! » Elle est charmante, si charmante que j'ai honte. Elle me prend pour la riche Américaine que lui a annoncée Mimi, en réalité je suis une espionne ! J'observe tout, les filles en blouse blanche, le confort des tables de massage, la couleur des murs, la texture des crèmes, le sourire de la réceptionniste, la hauteur de la moquette, la douceur des peignoirs... C'est superbe. Mais j'ai envie de créer autre chose. Quelque chose... de rustique. Et d'encore plus chic.

En passant devant la Comédie-Française, j'ai vu qu'on donnait *Esther*. Malheureusement il ne restait plus une seule place.

– Monsieur Galopin va vous arranger ça, me dit le concierge à qui j'avais confié ma déception.

Monsieur Galopin régnait, au bas des marches de l'escalier d'honneur, sur le bureau des théâtres.

Il me trouva un fauteuil d'orchestre, au milieu du cinquième rang, et je m'aperçus que je savais encore toute la tragédie par cœur. Jean y avait veillé. Implacablement. Merci, frère !

Ô mon souverain roi,
Me voici donc tremblante et seule devant toi !

Une pièce écrite pour moi !

Quelle merveille ! Mais quelle frustration d'aller seule au théâtre, de rentrer seule sans pouvoir échanger ses impressions avec quelqu'un au-dessus d'un verre et d'une assiette !

Monsieur Gérard était encore à son service quand je pris ma clef, il me demanda si j'étais satisfaite de ma soirée. Je lui dis à quel point j'étais heureuse que Monsieur Galopin ait pu me trouver une place. Il me répondit qu'aucun théâtre, opéra ou vaudeville, qu'aucune salle de concert ou de conférence ne pouvait résister au talent de Monsieur Galopin. Monsieur Galopin revenait de loin, ajouta-t-il, et il me raconta une scène qui s'était passée pendant l'occupation du Ritz par la Wehrmacht. Un jour, Monsieur Galopin était resté assis au passage d'Otto von Stülpnagel devant son bureau. Délibérément. Le général avait gravi quelques marches, s'était retourné, avait hurlé : « Quand je passe, on se lève ! » et, sur un geste de lui, deux soldats s'étaient emparés de Monsieur Galopin et l'avaient traîné en prison.

J'eus envie de raconter cette histoire à Gwen. Le meilleur moyen de le faire était de l'avoir auprès de moi.

Elle vint pour le congé scolaire de février.

Le premier soir on dîna dans le salon de notre suite, face à la place. Quand le repas fut terminé et la table partie sur ses roulettes, j'éteignis les lumières et on regarda celles de la ville en silence, dans le noir.

– Incroyable, murmura-t-elle au bout d'un long moment.

Oui, tout ce qui nous arrivait était incroyable, comme cette invocation murmurée sur le ton de la prière par Gwen :

– Le temps des lilas approchait de sa fin ; quelques-uns effusaient encore en hauts lustres

mauves les bulles délicates de leurs fleurs, mais dans bien des parties du feuillage où déferlait, il y avait seulement une semaine, leur mousse embaumée, se flétrissait, diminuée et noircie, une écume creuse, sèche et sans parfum.

– J'appâte Proust avec sa propre prose, chuchota-t-elle, et ça marche, il est là, tu sens le parfum de sa boutonnière ?

Bien sûr que je le sentais !

Comme il avait senti lui-même *le coquelicot et l'aubépine... fleuris dans la mémoire passionnée où se retrouve le temps perdu**.

Nous restâmes longtemps dans l'ombre peuplée d'ombres, puis vint l'appel de Paul, revint la lumière et Proust disparut.

Le dernier cahier s'était couvert de notes.

Monsieur Gérard qui prenait notre éducation très au sérieux nous retint une table chez Lasserre.

Lasserre ? Comment, nous n'en avions jamais entendu parler ? Face au Palais de la Découverte ! Une merveille ! On y courait du monde entier !

Monsieur Gérard ne pouvait pas savoir que nous étions les filles du Mazel, et que les bruits de la ville montaient rarement jusqu'à nos solitudes.

– Ça va vous plaire, Madam Fontaine, m'assura-t-il.

Il ne se trompait pas.

Par amour de la littérature, Gwen prit un pigeon André-Malraux je pris un plat landais qui aurait régalé Mémé. La France de la terre était présente dans l'assiette au chiffre d'or d'un petit paysan monté à Paris à treize ans. Le plafond peint par

* Samuel de Sacy.

Touchagues s'ouvrit soudain sur les étoiles du ciel et nous rentrâmes à pied, un tout petit peu rondes et très gaies.

– Tu pleures ?

Gwen est dans son bain. Sa tête auréolée de boucles flamboyantes repose sur la mousse légère et moutonnante comme sur la fraise géante d'une reine. Elle n'est plus qu'un visage, nénuphar flottant dans la moiteur. Et elle pleure.

Je m'agenouille au bord de la baignoire, elle me sourit, veut essuyer ses larmes et, ce faisant, couvre ses joues de moustaches de mousse. Je ris. Elle aussi. Elle me prend la main, m'explique :

– Je pensais à ta mère... un jour elle m'a dit : « Mon royaume pour une goutte de *Shalimar*. »

Pas besoin d'en dire davantage.

Elle sort du bain, se glisse dans le peignoir d'éponge rose pêche puis me rejoint dans la chambre où je me suis réfugiée.

– Beurk !

Étonnée, je la regarde.

– Qu'est-ce que c'est que ce parfum horrible ? demande-t-elle.

– Horrible ? C'est *Seven*...

– Pas possible ! Je connais *Seven*, celui-là vous lève le cœur !

J'ai passé une nuit affreuse, j'avais beau me répéter que le matin même, chez Balenciaga, on m'avait encore dit que j'avais un parfum délicieux, j'avais beau me lever pour le tester sur un mouchoir, une mouillette, ma peau, je ne savais plus.

C'est seulement quand le petit déjeuner est arrivé et que Gwen a dit : « Beurk ! » que j'ai compris.

Elle attendait un bébé.

La joie, l'émotion, la surprise.

Elle avait envie de chocolat !

Vite on a couru chez Debeauve et Gallé. Ça sentait si fort le cacao dans le magasin qu'on croyait plonger au cœur d'une truffe. J'ai demandé à la dame qui nous servait si elle était encore sensible à cette odeur qui nous ravissait, nous. Elle a réfléchi, une ganache au café en l'air au bout de sa pince de métal argenté, puis m'a répondu :

– Ça dépend du vent.

On rentra chacune chez soi, Gwen avec son bébé à finir, moi avec mes cahiers noirs de notes, heureuses...

Le soleil m'a attirée dehors par un rayon doré. C'est que le printemps arrive, délicieux, exquis. J'ai appelé le chien. Il n'a pas répondu. Il doit chasser Dieu sait où. Le printemps arrive pour lui aussi. Il en profite. J'ai marché vers les bois, sur l'herbe verdissante et neuve. Soudain j'ai cru apercevoir une ombre furtive qui disparaissait derrière les fayards... J'ai pensé à Violetta, mais elle ne se promènerait pas sans ses chèvres, vraies et fausse. Et puis l'ombre m'a paru très grande. Bref, ça m'a troublée si bien que je me suis hâtée de rentrer, j'ai vérifié les portes et, quand Berger est revenu, la langue pendante et le poil couvert d'herbes griffues et pégueuses, j'ai tout verrouillé avant d'aller dormir. Je ne suis pas peureuse, mais cette ombre ne voulait pas que je la voie... Aaron a peut-être raison, je suis sans doute imprudente de vivre comme je vis. Surtout ne pas lui téléphoner pour lui faire part de mes réflexions ! Il s'affolerait.

Cette ombre m'a coupé le fil... je ne sais plus où

j'en étais ! Ah ! si, je me souviens. Après le Ritz, je retrouvai Paul et ses baisers, je retrouvai New York et nos Universités.

Ils n'avaient pas chômé en mon absence. Le labo, terminé, ronronnait à plein, les chercheurs cherchaient toujours. Avant la sortie de la première, Paul, confiant, préparait une seconde ligne de cosmétiques. Les boutiques étaient fin prêtes, le premier Institut attendait le lever du rideau. Jules était déjà reparti pour Grasse. Il ne se plaisait pas à New York. Pas du tout. Mais il travaillait quand même pour nous, ayant quitté la Capignard avec fracas, après une empoignade où il l'avait traitée de « truie incomparable ». Il cherchait maintenant un endroit où installer notre laboratoire français, le plus près possible des champs de fleurs.

Je fis la connaissance de l'Agence Anderson-Blade-Blade & Sweater. Une association de bulldozers. Paul avait choisi les moins inhumains parmi les plus efficaces de la publicité et de la communication, mais j'eus quand même un choc quand ils me dévoilèrent leur programme. Mon programme. Car j'allais devenir, entre leurs mains, le mannequin, la vitrine et le porte-drapeau de *Seven*.

Ils avaient levé pour moi une armée de jeunes beautés prêtes à répandre la bonne parole aux quatre points cardinaux. Cecil leur avait créé un uniforme – si tant est qu'on puisse donner le nom d'uniforme à une robe que toutes les femmes allaient avoir envie de porter. Sur leur sein gauche il avait fait broder notre sigle :

Ce petit serpent d'amour, c'était Paul qui l'avait dessiné.

Parfois, au milieu de cette perfection militaire, j'étais saisie d'angoisse.

Et si on se cassait la gueule ? Si le public refusait *Seven* ? Si c'était le désastre absolu ? Le flop total ?

Je ne craignais pas l'argent perdu, je redoutais la honte d'un échec.

J'en étais malade, je perdais du poids, je ne dormais plus et si je dormais, je faisais des cauchemars.

La naissance d'Olivier au pied de la Tour Magne arriva à la veille de mon premier rendez-vous avec la presse. Les bulldozers tentèrent de me retenir. En vain.

Il aurait fallu me mettre en prison pour m'empêcher d'aller voir le fils de Jean et de Gwen. Je pris juste le temps d'un aller et retour, juste le temps de voir Olivier, de le respirer et de l'aimer pour toujours. Je lui promis un petit cousin avant longtemps sans me douter de l'énormité du mensonge.

J'embrassai ses parents et ses grands-parents descendus de la montagne en son honneur. Mes Mazel, ma famille. Les serrer contre moi décupla mes forces, je repris l'avion où je dormis si bien que les bulldozers qui s'attendaient à voir débarquer une loque commencèrent tout doucement à croire en moi.

Et puis... Et puis ce fut l'explosion. *Seven* éclata littéralement sur le marché. Une vraie folie. Une marée triomphale. Tous les ingrédients de cette réussite n'étaient pas dus au seul parfum. Il y avait, fondamentale bien sûr, la qualité du produit, mais il y avait aussi la force des bulldozers soutenue par mon argent, l'organisation rigoureuse et complexe de la Mazel, l'expérience d'Aaron et son dévouement, comme ceux de Cecil, de Mimi ou de Jules.

Jules à qui on avait fait racheter Capignard pour nous ! La « truie incomparable » en pleurait de rage dans ses billets de banque ! Pour nous c'était formidable d'avoir une implantation grassoise. Ce n'était que la première de l'arborescence. Nous n'étions au bout ni de nos surprises ni de nos succès. Chez Anderson-Blade-Blade & Sweater on s'en attribuait tout le mérite. Ils avaient su faire rêver, disaient les bulldozers. C'était vrai. Ils avaient su faire deviner *Cévennes* derrière *Seven*, ils avaient raconté la montagne derrière le parfum, la petite fille derrière la femme que j'étais devenue ; ils m'avaient tiré le portrait à des millions d'exemplaires, en laissant se glisser avec une savante parcimonie quelques très belles images de Paul dans les dossiers, histoire de faire fantasmer les femmes sur ce mari qui avait l'air d'un amant.

La légende naissait.

Et pour être tout à fait honnête, le rôle que j'avais à jouer ne me déplaisait pas.

J'aimais mes rencontres avec la presse, le public, les inconnus, les photographes, les caméras. Je me serais crue plus sauvage et voilà que je me pliais à toutes les contraintes imposées par les bulldozers... à une condition, ne pas m'éloigner de Paul trop longtemps. Nos fréquentes séparations nous rendaient de plus en plus amoureux, de plus en plus avides l'un de l'autre. Nous nous retrouvions toujours avec le même enthousiasme, passant du lit à l'éprouvette et au microscope comme au temps où nous établissions *Cévennes*. Nous pensions déjà à la ligne *Luzette*, j'avais besoin de plonger mon nez dans l'avenir, de retrouver mon métier de chimiste, de compositeur, de créateur, pour m'assurer que j'étais toujours la scientifique aux pieds nus, à la blouse blanche, la jeune fille qui avait rêvé d'un hymne, et pas seulement une marionnette à faire de l'argent.

J'étais devenue si célèbre, et si brusquement,

qu'il fut jugé nécessaire de me donner des gardes du corps.

J'eus droit à deux paires.

Deux paires de géants.

Une paire de Blancs. Irlandais, catholiques, très gentils, terrifiants.

Une paire de Noirs. Baptistes, souriants, très gentils, terrifiants.

Légère bosse due à l'arme de poing sous la veste bien coupée...

Cette présence continuelle et parallèle qui ne me rejoignait jamais ouvertement devait vite me devenir pesante. Pourtant elle était nécessaire dans le New York d'avant la remise en ordre. Mais je me sentais aussi surveillée que le Président des États-Unis. Sensation exaspérante ! La consigne les obligeait à demeurer invisibles. Hélas ! je les détectais à l'odeur ! Parfumés comme des gangsters, mes *bodyguards* n'avaient de goût que pour des patchoulis et des sent-bon de bas étage.

J'eus beau leur offrir la ligne *Seven* pour homme dans sa totalité, ils restèrent fidèles à leurs habitudes, humiliation suprême pour la Mazel !

Le brunch du dimanche restait institutionnel. Que je sois à New York ou en représentation aux antipodes, il avait toujours lieu.

La *brasucade* cévenole matchait très bien avec les œufs *Benedict*, les *hashbrowns* et les *blueberry pancakes yankee*, et quand j'eus appris au chef à faire la soupe de Mémé, elle fut au menu de tous nos dimanches studieux.

Jamais je n'y conviai les bulldozers, nous restions entre nous, les « membres fondateurs » comme disait Aaron en désignant Cecil et Mimi.

J'oublie Blue.

Blue Creek est indien. Un Indien de New York bien sûr, mais un New-Yorkais de la Nature, de la Paix.

Cecil m'avait parlé de lui un jour. Il ne me l'imposait pas, il me le proposait :

– Il faut qu'il te plaise. S'il ne te plaît pas, ne travaille pas avec lui. D'ailleurs, s'il ne te plaît pas, il le sentira et s'en ira.

Blue posa une main sur mon front et je me sentis bien.

Blue a eu une arrière-grand-mère française. Marie Boulanger. Lui, c'est dans *le Chat botté* et *Riquet à la houppe* qu'il a appris à lire. Il est coiffeur. Mais ce terme ne lui convient pas. Trop moderne pour les gestes anciens, apaisants, magiques, qui sont les siens.

Je ne le vis sortir de son silence et de son calme que le jour où il rencontra Gwen. Il lui dit qu'elle était belle comme un arbre de la forêt avec ses branches de *lichen flamboyant*. Qu'elle était unique.

– Encore une chance qu'elle soit unique, grogna Mimi, si toutes les femmes étaient aussi *biotifoule* que la Bretonne, les gens comme nous mendieraient dans les rues !

Nos Universités c'était la Légion étrangère. On n'y posait pas de questions. À quoi bon d'ailleurs ? On avait tous deviné, derrière leur discrétion, quel sentiment liait Cecil et Blue.

C'est au cœur d'un brunch – on mangeait justement la soupe de Mémé – que Paul eut l'idée de créer des produits biologiques. Toujours sa vieille passion pour Hildegarde von Bingen ! Et c'est ainsi que naquit la diète cévenole qui, elle aussi, fit grimper notre chiffre d'affaires.

Des « Soupes de Mémé » il y en a plein le congélateur. J'en ai mangé une l'autre soir, devant la cheminée, en pensant à Clémence Jeanne Alix Boisset née Clauzel. On en fabrique dans sept pays,

Mémé ! La version mexicaine est terrifiante ! Au Japon elle est agrémentée de riz et de *Shi-Ta-Ke** ; depuis peu on en fabrique en Israël... Le *garlic-water***, la crème de pois chiches, le *badjana****, la farine de châtaignolles s'arrachent aux rayons *Organic* et Bio des magasins d'alimentation. J'ai une usine à Valleraugue depuis près de dix ans et je ne la connais pas...

Cecil reproduisit le manteau de laine que je portais en débarquant à New York. Lui, il l'appela carrément « Cévennes » mais, à ce moment-là, il ne risquait rien, les *people* lui avaient préparé le terrain et les gamines, comme les moins jeunes, se jetèrent furieusement sur la laine bourrue.

Elles me manquaient, les Cévennes. C'était moins compliqué pour moi d'aller à Tokyo que d'aller au Mazel. J'avais supplié Papa et Maman Abraham de venir nous voir. Autant demander à la montagne de venir à vous ! Je m'inquiétais pour eux. Je les avais trouvés plus petits que dans ma mémoire quand je les avais vus, à Nîmes, penchés sur le berceau d'Olivier. Ils vieillissaient comme on vieillit dans nos montagnes, en séchant comme de la bruyère. Je ne leur envoyais jamais d'argent, ils se seraient sentis insultés. Je n'en donnais pas non plus à Jean, pour les mêmes raisons. Il était resté très parpaillot, l'agnostique. J'avais ouvert un compte à Gwen pour qu'elle puisse les gâter en douce mais ce n'était pas suffisant, il me faudrait trouver autre chose pour être tout à fait en paix en pensant à eux.

Je revins à Paris pour l'ouverture de l'Institut Esther Mazel, avenue Montaigne.

* Champignon de la famille du Pezizé Orangé.
** *Aïgo-boulido*, eau bouillie à l'ail et à la sauge.
*** Soupe de châtaignes blanchettes au lait.

Je descendis au Ritz, appartement 134, évidemment.

Quand il me vit, Monsieur Gérard sortit de sa loge pour venir à moi et serrer ma main dans les siennes.

– J'avais bien compris que vous nous prépariez quelque chose, Madam Fontaine ! me dit-il avec émotion.

Difficile de faire prendre des vessies pour des lanternes à un homme aussi fin que Monsieur Gérard.

Je donnai un dîner chez Lasserre pour la presse. « Bonsoir, Madame Mazel », me dit le maître d'hôtel comme à une vieille pratique. Je repris le mesclagne landais Mère-Irma, j'étais toujours française, j'avais bien l'intention de le rester, et je le dis à mes invités.

Le toit s'ouvrit sur le ciel de Paris et tout le monde applaudit.

En rentrant à New York, un Japonais souriant s'assit près de moi dans l'avion.

– Yochino, dit-il en s'inclinant.

Je me présentai à mon tour :

– Esther Mazel...

Il éclata de rire.

– Il faudrait être aveugle pour ne pas vous reconnaître, assura-t-il en bouclant sa ceinture. Et encore, même un aveugle vous reconnaîtrait ! Le parfum !

– J'en ai trop mis ?

C'était ma hantise depuis que j'avais croisé Chanel. Incommoder par excès d'intention. Il me jura que non. J'étais ravie de faire la connaissance de l'architecte le plus célèbre de sa génération. Le plus cher, disait-on.

Avant le décollage nous sympathisions déjà, à peine atteinte la vitesse de croisière nous étions devenus amis, en nous posant à *Kennedy Airport* nous l'étions pour la vie.

Il ne parlait pas un mot de français et son anglais était très personnel. Il me posa mille questions sur les Cévennes, mon enfance, Abraham. Sur Paul qui l'intriguait. Je me demandai un instant s'il était de ces hommes devant qui mon mari avait intérêt à ne pas se déshabiller, mais non, je me trompais. Avant même de commencer notre descente je l'invitai pour le brunch du dimanche suivant à la *Résidence*. Il accepta avec enthousiasme.

– Mais ne m'attendez pas de bonne heure, me dit-il, quand je suis à New York je chante le dimanche matin avec la chorale de *St. John The Divine*.

Me voyant un peu surprise, il m'expliqua qu'il était fervent catholique, ancien élève des jésuites à Tokyo.

– Et c'est pour ça que je m'appelle François-Xavier ! C'est mon nom de baptême !

– Et c'est pour ça que vous glissez, par-ci, par-là, un mot de latin dans la conversation !

– *Ad majorem Dei gloriam*!* s'écria-t-il joyeusement.

Il est venu le dimanche après sa chorale, et il aurait pu dire « *Veni, vidi, vici** !* » car il séduisit tous les membres fondateurs comme il m'avait séduite, moi.

Il me pria de l'excuser d'arriver en retard, le curé lui avait demandé de faire la quête.

– Impossible de refuser, il faut de l'argent, beaucoup d'argent !

Parce que *St. John The Divine*, dont la première pierre fut posée le 27 décembre 1892 par les archi-

* Pour la plus grande gloire de Dieu !
** Je suis venu, j'ai vu, j'ai vaincu !

tectes Heins et La Farge, n'est toujours pas terminée et ne le sera, si tout va bien et si les fidèles sont vraiment généreux, qu'en l'an 2050. Et nous voilà fascinés par le récit des aventures d'une cathédrale dont, cinq minutes plus tôt, nous nous moquions tous. « Comme de Colin-Tampon », aurait dit Blanche Bélondrade. *St. John The Divine !* La plus grande cathédrale au monde après Saint-Pierre de Rome !

L'attention passionnée de Paul abusa François-Xavier qui se crut devant un coreligionnaire et cria :

– Catholique !

– Isoloir !

Paul avait crié encore plus fort, comme il aurait crié : Joker !

Isoloir, le mot qu'il employait toujours quand une question lui paraissait indiscrète.

– *Polling booth*, traduisit Aaron, ce qui avait le même sens mais ne faisait pas du tout le même effet.

– Isoloir ! répéta François-Xavier avec ravissement. Isoloir ! et il tendit son assiette pour qu'on lui verse une nouvelle ration de « Soupe de Mémé » version *U.S.*

Je m'étonnais de le voir s'intéresser si peu aux œuvres d'art de la *Résidence*. Il n'était curieux que de nous et de notre métier. Il voulait savoir comment on composait un parfum. Lui qui travaillait la pierre, l'acier, le bois était troublé par la création de l'impalpable. Nous ne vîmes pas le temps passer. À minuit, il demanda : « Est-ce que je peux dormir ici ? » avec la timidité d'un sans-abri.

Il y avait toujours cinq chambres d'amis en état de marche, depuis les pantoufles jusqu'aux brosses à dents. On l'installa dans la chambre Empire. Les autres rentrèrent chez eux et nous allâmes au lit.

Nous fûmes réveillés par l'alarme à trois heures vingt-trois du matin. La *Résidence* s'illumina soudain, les gardes du corps bondirent hors de leurs placards l'arme au poing, la mine menaçante ; une voiture de police s'arrêta, les sirènes hurlaient...

Yochino avait voulu voir la collection tout seul. Dans le recueillement. On le trouva, un peu penaud dans une robe de chambre trop grande pour lui, devant un Canaletto.

– Magnifique, dit-il simplement.

On lui doit les tours de verre de Tokyo et du Brésil, la fameuse salle de concerts en pleine Forêt-Noire...

Yochino est un génie.

Il nous délivra, Paul et moi, du mausolée de la *Fifth Avenue* où nous n'avions jamais réussi à nous sentir chez nous.

– Ligotés comme des momies dans un sarcophage ! disait-il. Pétrifiés par l'abondance de serviteurs ! Consignés dans la chambre mortuaire par le dieu à tête de majordome !

La *Résidence* devint la Fondation Daniel et Léa Didisheim ; on peut la visiter, admirer les collections. De telles beautés, on ne doit pas les garder pour soi. Elles vivent du regard des générations émerveillées et, souvent, invisible depuis l'escalier où je me suis ramassée le premier soir, je suis venue observer des groupes d'enfants silencieux écoutant leurs maîtres parler de Goya, de Fragonard ou du Greco.

La *Résidence* est restée telle qu'elle était du temps des Didisheim. Souvent une chambre s'ouvre pour accueillir un prix Nobel, un ami, un chercheur étranger avec qui Paul correspond. Jules y a ses habitudes, c'est à la *Résidence* qu'il descend quand il vient à New York. C'est à la *Résidence* que nous recevons quand nous donnons une réception. On s'y précipite, on s'y écrase. On parle encore, à New York, du gigantesque Mont-Aigoual à la crème de marrons de la « veillée cévenole » de 1977. Aaron est content. Il dit que nous sommes devenus : « *The place to be* !* »

On a tout laissé *Fifth Avenue*, sauf le Rembrandt. Parce que lui aussi fait partie des « membres fondateurs ». Le Rembrandt nous a suivis dans le *Penthouse* que François-Xavier a élevé au-dessus de la Didi. Trois étages de plus. Une vie en plein ciel. Quelques arbres se serrent les coudes pour faire face au vent qui vient de la mer. Parfois je me dis qu'il vient de chez moi. Je le respire avidement. Mais je ne m'approche jamais trop près du bord des terrasses.

J'ai le vertige.

Je n'ai jamais osé le dire.

Notre chambre est tout en haut, passerelle du navire qui vogue, immobile, sur des récifs de pierre, de verre et d'acier.

Il y a une grande cheminée dans la pièce où on se retrouve... pardon : où on se retrouvait tous pour le brunch institutionnel. C'est là que, pendant des années, on a préparé, analysé, brieffé et débrieffé. « Rien n'est jamais acquis, disait Paul, restons en état de veille scientifique » et il ouvrait une bouteille de châteauneuf-du-pape.

Aaron se mettait au piano.

On faisait griller des châtaignes dans la cheminée.

François-Xavier disait que là était le cœur de la maison.

* L'endroit où il faut être.

Il chantait toujours avec sa chorale le dimanche matin à *St. John The Devine*. Il construisait toujours des beautés à travers le monde. Et il avait accompli ce qui, à mes yeux, est son chef-d'œuvre.

Le Mazel.

Je lui avais simplement dit :

– Je voudrais que Papa et Maman Abraham aient une vie plus facile... mais comme ils ne voudront jamais quitter le Mazel, je m'inquiète...

Il y alla trois jours, revint plus tard avec une équipe pointue, resta un mois à diriger les travaux et, quand il partit, il laissa *l'oustau negre* semblable à ce qu'elle avait toujours été.

Mais l'hiver on y avait chaud, l'été on y avait frais. Elle obéissait au moindre désir. « La maison de James Bond ! » disait Jean quand on s'y retrouva tous pour « l'inauguration », sauf François-Xavier qui, lui, inaugurait un cinq-étoiles posé sur l'eau en Afrique du Sud.

– Je suis tellement confortable que j'en ai honte ! disait Maman Abraham.

Tout ronronnait autour d'elle dans sa cuisine ; elle faisait les honneurs, ouvrait de vieilles portes qui semblaient avoir été là depuis toujours et qui étaient les filles de l'esprit de François-Xavier. Comme la cave dans le roc, comme le jacuzzi dans l'ancienne bergerie.

– Votre père s'y est baigné ! disait-elle avec un petit rire effarouché. Moi, ça me fait peur, cette eau qui bouge !

On croyait pouvoir rester quelques jours. Hélas ! à peine avions-nous ouvert nos valises et suspendu nos affaires qu'un coup de fil nous annonçait que nous devions repartir au plus vite. La ligne *Seven* pour homme venait de recevoir un *Award* qui nous serait remis, trois jours plus tard, au cours d'une cérémonie à Washington.

– Le travail avant tout, avait dit Papa, gravement.

On laissa nos vêtements dans les armoires pour faire croire – à nous comme aux autres – qu'on allait revenir bientôt, et on quitta le chef-d'œuvre.

Les chefs-d'œuvre.

Il y en avait un autre, au Mazel. Un chef-d'œuvre vivant qui courait dans l'herbe sur ses petites jambes, roulait sur la pente, éclatait de rire, se relevait, nous sautait au cou avec de grands bisous...

Olivier.

Un petit garçon. Un petit enfant.

– J'y pense sérieusement, a dit Paul.

Le Bois des Émirs

Loge volante et bourdonnante au-dessus de l'Atlantique.

Grand lâcher pour lequel on a sorti l'artillerie lourde.

Objectif Rome.

L'Italie n'a jamais donné ce qu'on pouvait espérer d'elle. Alors on attaque en force.

Avec *Nobiltà*, arme secrète et capiteuse, notre nouveau parfum.

La *principessa* Oriana Real-Cavalieri est déjà sur place, prête à frapper.

Au moins trois papes dans ses armoiries.

*Nobiltà**.

De pure noblesse noire, la cinquantaine étincelante, la sculpturale Oriana possède un carnet d'adresses vertigineux. Quand nous avons fait sa connaissance, il va y avoir deux ans, c'était d'ailleurs tout ce qu'elle possédait avec le *Palazzo Real-Cavalieri* où, disait-elle : « Il pleut à fendrre l'âme sur les frresques de la salle de bal ! » Ça s'est arrangé depuis.

* La *nobiltà*, dite noblesse noire, recevait autrefois ses titres de la main du Pape.

Dans deux jours le *Palazzo*, entièrement lifté par François-Xavier, va retrouver sa splendeur sous le règne de la *principessa* devenue directrice de l'EM Italia, découvrant le plus aristocratique des Spa qui existent au monde.

Je ne porte que *Seven* mais j'ai décidé de faire une exception pour *Nobiltà*. Ça me servira de cure de désintoxication. La fidélité à un parfum peut vous jouer des tours et vous amener à avoir la main lourde.

Je n'ai pas participé à la création de *Nobiltà* qui est l'œuvre exclusive de Jules. Jules qui n'a pas voulu se rendre à Rome. Il déteste les mondanités, la presse, les photographes et refuse de se commander un smoking. Mais quel talent ! Comment arrive-t-il à une perception si fine en gardant toujours une clope dégueulasse au bec ?

Paul avait suivi son travail de près mais moi je n'en connaissais rien. Rien qu'Oriana et sa ruine romaine à qui le parfum était censé ressembler.

Avant de procéder aux tests classiques de la mouillette et de la peau, Jules m'a fait découvrir *la vaporisation*. Une trouvaille de Jean Carles* qui lui avait généreusement confié quelques secrets à Grasse. Sacré Jules, qui n'a l'air de rien ! *La vaporisation*. Moi, j'appelle ça *la traversée du nuage*. Les yeux fermés je suis entrée dans une pièce qui venait de recevoir en son cœur une nuée de *Nobiltà*. J'ai lentement pénétré le brouillard odorant et mon esprit critique a fondu sous le charme.

Une merveille qui vous fait croire d'abord à un parfum frais et tendre, avant de vous laisser découvrir la sensualité du cœur. Poudré, cuiré, pourpré comme de lourdes tentures retombant sur les secrets d'une magicienne.

* Jean Carles, 1892-1966, célèbre compositeur de parfums.

Le flacon semble dessiné par Lucrèce Borgia. Quant à la robe que Cecil a imaginée pour Oriana, robe qu'elle doit porter le soir de la présentation, elle est aussi délirante.

Nobiltà.

La mienne est le contraire.

Vesta.

On a fait très fort.

Après Rome nous sommes attendus à Milan et Florence, puis nous laisserons la *principessa* gérer la suite des opérations et tenir les filles de sa gracieuse main de fer. On peut lui faire confiance, elle ne leur passera rien !

Première escale, Paris, où nous ramasserons Paul qui, lui, débarque de Moscou.

Formidable de pouvoir être tous les deux sur le même coup ! C'est rare.

Je ne dors pas, je me détends, je ne suis pas fatiguée. Je suis bien. Dans moins d'une heure on se posera à Orly.

Dans moins d'une heure, Paul.

J'écoute le bourdonnement des sept filles qui font partie du voyage. On vient de les réveiller. Sept filles, sept splendeurs. Mimi les a flanquées au lit avant le décollage. Elle les a même bordées ! Mais elle a refusé de leur donner le bonbon qu'elles lui réclamaient.

– *I don'te wante see blue circles under your eyes ! You must be the very most biotifoule in the worlde* ! Compris ?

L'anglais et l'accent de Mimi font la joie de ses interlocuteurs.

– Si je parlais bien, personne m'écouterait, dit-

* Je ne veux pas voir de cernes sous vos yeux ! Vous devez être les plus belles au monde !

elle. *But with my fantastic mistakes, I am the unique French Mimi and they listen to me* !* Compris ?

Elle a raison, tout le monde la comprend.

Mieux, tout le monde lui obéit.

Elle inspecte les beautés encore ensommeillées. Une par une. « La maison ne fait pas de cadeau », dit-elle, l'air féroce. Elle les maquillera à bord, tendrement, le plus tard possible, pour qu'elles soient fraîches comme des fleurs à l'arrivée, au moment de la photo.

Tout le monde est réveillé maintenant. Cecil, Blue et leurs assistants. La plus grosse opération depuis qu'EM existe. Longues, gracieuses, roucoulantes, les filles s'étirent dans leurs jolis peignoirs de satin pêche et, rouleaux souples sous la voilette rose, guettant l'apparition de l'Europe depuis le hublot, elles annoncent tout ce qu'elles vont faire quand nous serons à Rome. Voir le Colisée, jeter une pièce dans la Fontaine de Trevi, embrasser le Pape et Fellini, acheter des chaussures *via dei Condotti*, épouser un marquis très vieux et très riche !... il y en a même une qui espère visiter le Kremlin !

Hurlements de rire couverts par des applaudissements : on voit la terre.

Ça me fait toujours quelque chose de retourner en France. Même pour une escale... Mimi s'assied près de moi, la larme à l'œil.

– Quand je pense que, sans toi, je serais bien tranquille à Quiberon !

Puis elle m'embrasse en disant :

– Si je t'aimais pas, je te détesterais !

– *What did she say** ?* demande Cecil qui est un grand client de Mimi.

* Mais avec mes fautes fantastiques, je suis l'unique Mimi française et on m'écoute !

** Qu'est-ce qu'elle a dit ?

Blue traduit pour lui. Toujours calme, doux, apaisant...

– Parce qu'à Rome, poursuit Mimi, ça sera comme ailleurs ! On n'embrassera ni le Pape, ni personne ! On ira de la chambre au boulot et du boulot à la chambre ! Et la chambre, je peux vous dire que ce sera la même qu'à Stockholm ou à Rio ! Ni plus, ni moins *biotifoule* !

– *What did she say ? What did she say ?* demande Cecil, qui rit déjà avant que Blue ne lui traduise.

Le commandant de bord est venu nous souhaiter le bonjour. Il était content. Beau temps annoncé sur tout le parcours.

– Monsieur Fontaine est déjà arrivé, m'a dit l'hôtesse qui nous accueillait dans le salon privé.

Il était là, Paul. Mais il ne m'a pas souri. Il était pâle et je l'ai vu venir vers moi comme au ralenti. Je suis restée immobile avec une question en travers du cœur.

Qui ?

Qui était mort ?

Maman Abraham.

Ils n'avaient pas voulu nous prévenir pour ne pas contrarier nos plans. Jean et Gwen avaient dit à Papa à quel point l'opération *Nobiltà* était importante pour nous et Papa avait insisté pour que les obsèques aient lieu très vite, avant que nous ne soyons au courant, avant qu'il ne nous soit possible de venir.

Maman Abraham. La si douce qui voulait me défendre avec un fusil, la si timide qui était allée chercher la petite Rébecca pour la guider vers la liberté. La si tendre qui disait : « Je vais te les remplumer ! » Maman Abraham tricotant le manteau de mon entrée dans New York... Depuis combien de temps ne l'avais-je pas vue, embrassée ? Depuis l'inauguration des travaux de François-Xavier. Je l'avais eue au téléphone huit jours, peut-être dix jours plus tôt. Elle n'aimait pas ce moyen de communiquer.

– Ça me prive de mes idées ! disait-elle avec son petit rire modeste.

J'ai dit à Paul : « Il faut que j'aille chez moi. » Il a répondu : « On y va. On vient de changer le plan de vol, on nous débarquera à Marseille, les autres continueront sans nous. Oriana est déjà prévenue. »

Nous pouvions nous permettre ce luxe. L'avion était à nous. Quand on est très riche le chagrin est le même mais les mouchoirs sont beaucoup plus beaux.

Tout était fini quand nous sommes arrivés. Le taxi nous a arrêtés devant la tombe qui disparaissait sous des fleurs fraîches. Il y en avait tant qu'elles recouvraient aussi la tombe de Mémé. La mère et la fille dormaient ensemble maintenant, ultimes retrouvailles qui m'étaient à jamais interdites.

Ce soir-là, dans *l'oustau negre*, la famille entoura Papa de sa tendresse, de sa chaleur, de son amour.

Nous parlions tous doucement, même le petitou qui se serrait contre son fauteuil, lui caressait la joue et le regardait comme s'il avait compris, comme s'il savait à quel point, désormais, Abraham Mazel était seul.

Le lendemain, nous fûmes les derniers à partir.

Jean et Gwen avaient dû regagner le lycée de bonne heure. Ils auraient voulu qu'Abraham les suive à Nîmes, mais ils n'arrivèrent pas à le convaincre de quitter sa maison. Ni eux ni Olivier qui tirait son grand-père par la main pour l'entraîner à sa suite. Sans succès.

Gwen se mordait les lèvres, essayait de sourire, disait :

– On sera là samedi, Papa !

Nous restâmes seuls avec lui en attendant le taxi qui devait nous conduire à Marignane.

On parla du temps qui était superbe.

– On va vers les beaux jours, dit Abraham.

Silence.

Puis le taxi fut là, arrêté à mi-pente comme toujours.

On a embrassé Papa, il nous a dit : « Soyez prudents ! » et on est partis, le cœur serré.

On est montés tous les deux dans le taxi et on a roulé en silence sur l'herbe rase. Puis on s'est regardés et on s'est souri.

– Arrêtez-vous ! ai-je demandé au chauffeur.

Paul est descendu en même temps que moi pour me serrer dans ses bras très fort.

– Reste avec lui aussi longtemps que possible, vous en avez besoin tous les deux.

Comme tout est simple quand on n'a pas besoin de parler pour se faire comprendre.

Le taxi a démarré. Je l'ai regardé gravir la pente, disparaître... puis je suis redescendue vers le Mazel.

Papa ne m'a pas entendue arriver. J'étais entrée sans faire de bruit. Il était assis, tout tassé sur lui-même, devant la cheminée. Triste. Il a sursauté en me découvrant.

– Tu as oublié quelque chose ?

Je suis allée m'asseoir près de lui.

– Oui.
– Quoi ?
– Que j'allais rester avec toi !
Il était furieux. Je n'en étais pas surprise.
– On t'attend à Rome ! On t'attend partout ! Ce n'est pas bien de négliger son travail quand on a la chance d'en avoir !
– Tu me chasses, Papa ?
Il a posé sa main sur la mienne.
– Quand même..., a-t-il dit en haussant les épaules.
Mais je voyais bien qu'il était content.

Je ne me serais jamais pardonné de l'avoir laissé seul dans sa maison vide.
Avais-je deviné qu'il allait mourir ?
J'avais seulement deviné que je devais rester au Mazel. Combien de temps ?... Je ne savais ni le jour, ni l'heure, mais je savais.
– Tu sais qu'elle était courageuse, ma pauvre Rachel !
Rachel. C'est vrai, Maman Abraham s'appelait Rachel.
– Courageuse comme sa mère... ce qu'elles ont fait avec Mémé du temps de la grotte ! Tu te souviens ?
De tout, Papa, de tout.
Il regarde autour de lui.
– Tu nous as trop gâtés, Esther ! Tu nous as donné un palais !
Il se met à rire et me raconte qu'il a eu peur quand il a vu arriver François-Xavier.
– Je me suis dit : « Qu'est-ce qu'il va faire de ta maison, ce Chinois ? »
– Japonais, Papa.

– Japonais, je sais, mais quand il est entré ici, il était à contre-jour.

Il se ranime au milieu de ses souvenirs. Je me demande quelle langue ils parlaient. Une langue à eux puisque l'un s'exprimait en anglais, l'autre en français. Mais ils se comprenaient. François-Xavier dévorait la cuisine de Maman Abraham, allait pêcher la truite avec Papa, s'asseyait avec lui au coucher du soleil sur l'herbe de la Combe des Septante...

– Il a même chanté au Temple, un dimanche ! Lui qui était catholique ! C'était vraiment gentil de sa part ! Mais, toi, tu es folle !

Folle ? pourquoi folle ?

À cause de l'argent que j'ai dépensé pour le Mazel, pour les Mazel. Il ne fallait pas. C'est trop. Ça le gêne.

À mon tour de hausser les épaules.

Je ne lui ai pas dit que l'architecte le plus cher du monde n'avait jamais voulu nous présenter sa note d'honoraires. Il nous avait juré qu'il avait vécu là ses plus belles vacances, que c'était lui qui aurait dû payer ! Je ne l'ai pas dit à Papa parce qu'il m'aurait fallu ajouter que nous avions versé une somme... considérable, pour la suite des travaux à *St. John The Divine*. De la part de Monsieur Abraham Mazel. France.

Nous étions assis après le dîner devant la cheminée. Je venais de desservir. Il me regardait en plissant les paupières ; il regardait à travers moi, très loin dans le temps, la petite fille qui, autrefois, était assise à la même place, une tartine de fricandeau à la main.

– Je me suis souvent demandé ce qu'avait pu devenir l'officier allemand. Je revois son regard sur toi, il avait compris... et pourtant il a entraîné ses hommes loin de la maison. Pourquoi ?

Ce soir-là je n'ai pas pu te le dire, Papa. Je ne savais pas encore qu'il était parti parce que, justement, il avait compris. Je ne le sais que depuis décembre 78, date de l'ouverture de l'Institut Esther Mazel à Berlin-Ouest.

Ce n'était pas mon premier contact avec l'Allemagne. J'étais déjà venue plusieurs fois. Je m'aguerrissais. Doucement.

Comme partout dans le monde où s'inscrivait le sigle EM, le portrait de Marion accueillait les visiteurs.

Marion, Marianne Lévi, dite Denise Mercier, morte en octobre 44, au camp de Ravensbrück, près Fürstenberg-Mecklembourg.

Ce soir-là, à Berlin, Marion, c'est toi qui recevais.

Ils avaient bien fait les choses. Tapis rouge, buffet somptueux, roses et tubéreuses, toute la Presse est convoquée, attendue par un escadron de beautés *over-dressed*, je dirais même *over-perfumed* ! C'est vraiment ma hantise ! J'ai beau les avertir, mes belles fleurs, leur demander d'y aller mollo, pour me faire plaisir et honneur elles ouvrent les bondes à fond à chaque manifestation, elles affichent *Seven* comme on pavoise et je serre les mains dans des senteurs à couper au couteau.

On m'avait beaucoup vanté notre jeune directeur. Très brillant, disait-on.

Wilfried Lavalette. « Lavalette, un nom français, c'est drôle, n'est-ce pas, Madame Mazel ! »

Il s'incline devant moi. Beau garçon. Distingué. Mais quelque chose cloche dans son comportement. Quelque chose qui semble le troubler, le bouleverser même... Je sens le problème venir. Va-t-on m'annoncer que notre laboratoire a brûlé ? Qu'il y a eu une catastrophe à New York ? Que Paul...

Wilfried Lavalette a certainement quelque chose de grave à me communiquer puisqu'il m'entraîne à l'écart avant l'arrivée des invités.

– Madame Mazel, dit-il, avec à peine un soupçon d'accent, mais beaucoup d'émotion, Madame Mazel, pardonnez-moi si je vous dis : « Belle petite huguenote... »

Il n'alla pas plus loin. J'avais compris. L'officier allemand, c'était son père. Son père qui n'avait jamais oublié la petite fille à la tartine de fricandeau dans la cuisine du Mazel.

La famille Lavalette avait quitté nos montagnes au moment de la Révocation pour se disperser dans les pays du Refuge. Mais, de génération en génération, on avait entretenu la mémoire du Désert et des dragonnades.

– Alors quand mon père a vu cette cheminée de pierre, la croix huguenote, la Parole sur le mur, et vous, Madame, qui mangiez ostensiblement du cochon, il a tout deviné et c'est pour ça qu'il a entraîné ses hommes loin de vous.

– Ça pouvait être dangereux pour lui ?

– Ce fut dangereux. Il se retrouva sur le Front de l'Est, y fut blessé, prisonnier, mais ne regretta jamais.

J'ai dit : « Je veux le voir. » Hélas ! il était mort depuis longtemps.

– J'étais petit quand il me raconta cette histoire pour la première fois. Je ne me doutais pas qu'un jour j'entrerais à la Esther Mazel. Peu de temps avant de mourir, il me parla encore de la « belle petite huguenote », il me dit qu'il était fier de l'avoir protégée parce que : « N'oublie pas, Wilfried, il ne faut jamais, fût-ce sous la contrainte, devenir le dragon du roi. »

Les invités arrivaient, je les accueillis avec le sourire. La soirée fut un triomphe et je pleurai toute la nuit.

Parfois je pense à Papa et à l'*oberleutnant*. Je voudrais qu'ils se soient retrouvés, qu'ils se soient serré la main et qu'ils soient partis ensemble à travers les verts pâturages.

Pure vue de l'esprit.

Le lendemain, Papa me proposa d'aller à la Combe des Septante.

Nous nous y rendîmes à tout petits pas.

Il faisait très beau, l'air était d'eau fraîche et pure, le ciel clair.

Je disposai un plaid sur un rocher et aidai Papa à s'asseoir.

Il regarda le paysage devant lui et, d'un geste large, sa canne au bout du bras, l'embrassa tout entier.

Un oiseau inconnu vola au-dessus de nous en disant quelque chose d'essentiel.

Quelle paix !

Je lui demandai :

– Comment se fait-il, Papa, que tu n'aies jamais cherché à me convertir ?

Il eut un sursaut comme si je venais de l'insulter.

– J'aurais eu honte de te convertir ! Trahir ta mère ? *Jamaï !* Je ne comprends même pas comment tu oses me poser cette question ! Te convertir ! Même si tu avais été catholique je ne l'aurais pas fait, c'est te dire !

J'éclatai de rire.

Il se calma, sourit et me confia qu'il plaignait les catholiques.

Je demandai pourquoi.

– Je les plains parce que quand un catholique

cesse d'être catholique, il renonce à la mémoire des siens. Il se détourne. Il oublie. Nous, les protestants, vous, les juifs, nous restons protestants ou juifs même quand la Foi nous a quittés. La Bible ne nous abandonne jamais, même si nous ne pratiquons plus. Parce que nous savons que le passé ne peut exister qu'à travers nous. Nous vivons par la mémoire. Pour la mémoire ! Nous n'en laissons pas tomber une miette !

Il resta silencieux un moment puis précisa :

– Quand je dis : « nous, les protestants », je parle, bien entendu, des protestants des Cévennes ! Les autres... va savoir !

Je riais et ça lui faisait plaisir de me faire rire.

Puis il devint grave :

– Ta Maman aussi était gaie.

Je devinais l'ombre légère derrière son silence.

– « Tu peux lui faire manger du cochon mais qu'elle n'oublie jamais qu'elle est juive... » J'aurais dû insister pour t'éveiller davantage au judaïsme, dit-il.

– Papa, tu plaisantes ? On a épelé ensemble l'Ancien Testament, on a compté ensemble les Dix Commandements ! Sans oublier les deux cents prépuces que David offre à Saül ! Entre parenthèses, jolie lecture pour une petite fille ! Tu étais tellement discret que tu ne m'as jamais fait ouvrir les Évangiles et il a fallu que Mémé meure pour que j'entende prononcer le nom de Jésus ! En plus, Maman ne croyait qu'en la France et en la République ! Tu n'aurais pas voulu me faire accepter Dieu de force !

– Non, mais j'aurais voulu te Le faire rencontrer.

– Pauvre Papa, tu n'as pas eu de chance avec tes enfants !

– Détrompe-toi ! C'est vous qui m'avez tout appris !

– Nous ?

– Oui, parce que vous êtes différents de moi.

Il me regardait en souriant puis il me demanda :

– C'est vrai que vous êtes amis avec un Peau-Rouge?

Un Peau-Rouge ! Toute une époque ! Un Peau-Rouge ! Comme sur la collection de timbres Nestlé *Les Merveilles du Monde* que j'avais trouvée pendant la guerre dans la chambre de Jean, « Le soleil de Minuit », « Les Pyramides », « Les chutes du Niagara »...

– Blue Creek est un cadeau du ciel, Papa. Il se plairait ici, et il te plairait aussi.

– Tu l'amènes quand tu veux ! dit-il vivement avant d'ajouter : Quoique maintenant...

Il regarda soudain le paysage comme quelqu'un qui prend congé. Je frissonnai.

– La vipère qui t'a mordue... les parachutes avec les armes la nuit... et quand tu as couru jusqu'au Temple, peuchérette, pour donner l'alarme... *t'en souvenes, ma filho* ?

– *M'en souvenes, moun païre.*

– Cette combe..., murmura-t-il avant de se lever pour rentrer.

Il était léger à mon bras, fragile. J'aurais pu le porter comme un enfant.

Il soupira d'aise en retrouvant son fauteuil, ses pantoufles, la chaleur.

– On est bien ici, dit-il tandis que je ranimais le feu.

Puis il s'assoupit et, sans faire de bruit, je pris la Bible toujours posée à sa même place sur la table. Je l'ouvris et me plongeai dedans comme autrefois.

Je retrouvai l'odeur du papier et du cuir, l'odeur à la fois moisie et desséchée, les beaux caractères, les pages jaunies...

– Tu lis le Livre ? demanda-t-il au bout d'un long silence.

– Tu ne dors pas ?

– Je somnole. Ne me dis pas où tu en es, lis-moi juste un passage...

Je lus :

– *La justice sera la ceinture de ses flancs,*
Et la fidélité la ceinture de ses reins...
Le loup habitera avec l'agneau, Et la panthère...

– ... *se couchera avec le chevreau*, poursuivit-il,
Le veau, le lionceau et le bétail qu'on engraisse seront ensemble
*Et un enfant, les conduira**...

« C'était trop facile, dit-il en haussant les épaules.

Puis il répéta :

– *Un enfant les conduira...* Esther ?

Je savais ce qu'il allait dire.

– Maintenant que vous êtes installés avec Paul, que votre situation est faite, ce serait bien que vous ayez un enfant.

– On y pense, Papa. C'est même le projet numéro un de la Mazel !

– Je suis content, dit-il.

Je lui posai une autre colle :

– *Lorsqu'un esprit immonde est sorti d'un homme, il va par des lieux arides, cherchant du repos et...*

– Luc !

– J'abandonne, tu es trop fort !

– Dommage, dit-il, je m'amusais bien !

Il mourut deux jours plus tard, à l'heure où le soleil disparaissait derrière Espériès. Ils se couchèrent ensemble. Paisiblement.

Le matin, il m'avait dit :

* Esaïe, XI, 5-6.

– Ça m'aurait fait plaisir que tu aies la Foi, Esther. Pas pour moi, pour toi.

Odeur de Jérusalem dans le Temple. Émotion du vieux pasteur : « Courage, chère fille d'Abraham. » Larmes partagées avec mon frère. Plus personne devant nous. Plus personne au Mazel.

Je rentrai à New York après les obsèques.

À moi aussi ça m'aurait fait plaisir d'avoir la Foi.

Les résultats de *Nobiltà* dépassèrent nos espérances.

Le temps était venu de penser à Wall Street. Paul consulta nos banquiers et étudia la situation avec eux. Moi, j'achetai des terrains dans le désert de Californie, je fis venir l'eau sur place comme les Romains avaient si bien su le faire à Nîmes, et je mis en chantier *La Ferme des Parfums.*

Le désert fleurira, aurait dit Papa, et ce fut vrai.

Un lieu paradisiaque jaillit par enchantement du néant pour rendre les femmes plus belles.

La Ferme eut tant de succès avec ses chèvres, son âne Cadichon, ses légumes, ses essences, ses fleurs et son nom français, qu'il fallut envisager une extension afin de pouvoir recevoir les hommes.

Et puis, un beau matin, moi aussi je me suis réveillée en disant « beurk ! »

Le monde des odeurs venait de basculer. Je respirais faux. Je n'avais plus aucun repère, je n'avais que des dégoûts ! Je ne reconnaissais rien.

Et *Seven* me levait le cœur.

Quel bonheur !

J'étais heureuse, mais ce n'était rien à côté de la joie de Paul.

Il devait être minuit à Nîmes, au moins ! Une

heure ? Deux heures ? Tant pis, on ne pouvait plus attendre, on a appelé Gwen. Je lui ai dit : « Beurk » et elle a poussé des cris de victoire.

Après, tout est allé très vite. On n'a même pas eu le temps de choisir un prénom. Prénom de fille ou de garçon. Pas eu le temps. L'espoir est parti au début du troisième mois. Je ne pouvais pas aller au bout d'une grossesse. Utérus traumatisé. Bousillé par le méchant docteur de Montpellier. Son curetage sans anesthésie m'avait mutilée pour la vie. J'avais l'air d'être une femme comme les autres, erreur, je n'étais plus qu'une grande belle fille impropre à la reproduction.

Je ne saurai jamais de quel sexe auraient été les deux enfants que je n'ai pas eus. Celui de Chose. Celui de Paul.

Ces minuscules défunts n'ont droit ni à une tombe, ni à un nom, ni à des funérailles. Ils retournent au néant dans le flot de sang et de larmes que versent leurs mères.

Je n'ai pas pleuré. Dès que j'ai pu tenir debout, je suis allée au labo. J'ai remis la blouse blanche, j'ai quitté mes chaussures, j'ai dit à Paul : « Ce *Presque Trop*, il faut quand même qu'on y arrive ! » Et j'ai repris le travail.

Je disais : « Deux notes essentielles, d'accord ! rose et tubéreuse, ça peut ressembler à *Rose de France* de Houbigant, 1911 ? ou à *Rose Brumaire* de Volnay, 1919 ? ou, plus ancien, à la *Rose* de Molinard en 1860 ? Ou la *Jacqueminot* de Coty en 1904 ? Et *N'aimer que moi*, de Caron, en 1916, l'année de sa naissance ? Qu'est-ce que tu en penses ? La tubéreuse, on la trouve dans *L'Heure bleue*, chez Guerlain. Mais je suis sûre qu'il faut quelque chose d'autre, quelque chose de plus fort... un boisé ambré... ou plutôt un boisé sombre. Qu'est-ce que tu en penses ? Une touche de *Mille et Une Nuits* ? Hein ? Hein, Paul ?

Là, je me suis arrêtée. Je tremblais, mon front était en sueur, mes mains moites. J'ai dit : « Je suis incapable de faire un parfum, je suis incapable de faire un enfant, et c'est ma faute ! Quitte-moi si tu le veux, je le mérite ! »

Paul n'a rien dit, il a écrit quelque chose sur un papier et me l'a tendu en disant :

– Je voudrais que tu regardes cette formule.

J'ai regardé ; je claquais des dents ; j'ai lu :

« Pour le meilleur et pour le pire, d'accord ? »

Dis-nous, la belle, où est allé ton bien-aimé ?

La tendresse d'Aaron. Sa présence, son adhésion à notre vie.

Il me raconta la sienne un jour où, encore fiévreuse, j'avais dû garder la chambre au sommet de l'empire colossal et dérisoire qui n'aurait jamais d'héritier.

Sa femme et son petit garçon emportés par une grippe bête et sans pitié. C'est dans cette douleur que Léa lui était devenue très proche. Léa, blessée, elle aussi, dans sa chair et son cœur, par la mort de mon frère.

Mon frère Samuel.

Le fils d'Aaron s'appelait Simon. Sa femme, Rose.

Une grippe.

– Alors Léa et Daniel m'ont entouré, soutenu, porté, supporté... Jusqu'à sa fin, quand elle allumait les bougies de shabbat, Léa me conviait tous les vendredis, même quand elle fut seule... Mais je t'ennuie avec mes histoires de religion, ne crois surtout pas que j'essaye de te forcer à croire.

– Tu parles comme Abraham ! ai-je dit, et il a demandé lequel.

– Les deux, ai-je répondu.

Il fallait que je me repose.

M'installer à *L'Oiseau Bleu* ? À *La Ferme des Parfums* ? Ou encore dans cette maison du bord de mer dans le Massachusetts, cette *marine* où je n'avais toujours pas mis les pieds ?

Paul m'envoya au Mazel.

C'était la meilleure chose à faire.

À Marignane, j'ai entendu crier mon nom et j'ai vu un petit garçon qui courait vers moi.

Olivier.

Il avait changé comme on change au tout début ou à l'extrême fin de la vie, de façon fulgurante. Je ne l'aurais peut-être pas reconnu sans sa chevelure, bouclée comme celle de sa mère, mais châtaigne mûre.

Il prit ma main et me dit :

– C'est moi qui t'ai vue le premier ! Même avant Maman !

Je n'aurais jamais cru que Gwen ferait ce qu'elle a fait ce soir-là.

Elle me l'a laissé.

Malgré la classe.

Elle a accepté qu'il manque l'école, qu'il reste avec moi au Mazel tandis qu'elle repartait vers Nîmes et le lycée. Gwen, la disciple rigoureuse de Jean l'implacable !

Il faut dire qu'au moment de partir et de monter dans la voiture, Olivier s'était tourné vers elle, m'avait désignée et avait dit, sérieux comme un adulte responsable :

– On va quand même pas la laisser toute seule, Esther ?

Elle avait hésité, partagée entre la sévérité, l'attendrissement et le fou rire.

Il avait profité de cette faiblesse inhabituelle :

– Je suis encore petit, si je manque trois jours, je les rattraperai ! Je te le promets, Maman !

Elle avait dit oui – fallait-il qu'elle m'aime ! – et on s'était retrouvés tous les deux à faire griller des châtaignes dans la cheminée.

Il n'avait pas six ans mais il était évident que j'étais sous sa protection et, quand le téléphone sonna, ce fut lui qui décrocha en disant :

– Ce sont certainement mes parents qui s'inquiètent !

Mais ce n'était pas ses parents, c'était mon mari.

– C'est toi, oncle Paul ? Elle va bien, ne t'inquiète pas, je suis avec elle ! Seul. Oui, on est tous les deux ! Je te la passe !

– Le grand amour ? a demandé Paul.

J'ai dit oui.

C'était vrai.

J'étais bien et c'était la première fois depuis la perte de mon bébé.

Le lendemain on a pique-niqué à la Combe. Omelette froide à la tomate, *chauchiche chèche*, pélardons, pommes et noix, pâte de coings.

Il faisait beau, mais beau comme quand ça va se gâter. Un temps superbe où l'on sent que la montagne vous prépare une de ces surprises dont elle a le secret.

Je ne me souviens pas de notre conversation, je

sais seulement que je lui ai dit que je ne m'aventurais jamais au bord du précipice. J'avais le vertige.

Je ne l'avais jamais confié à personne. Pas même à Paul.

– Et ça se soigne ? a demandé Olivier, soucieux.

Je ne savais pas.

– Moi, je te soignerai ! Quand je serai grand je serai médecin parce qu'ils enlèvent la douleur, les médecins ; je soignerai toute la famille et vous vivrez tous très vieux ! D'accord ?

– D'accord ! dis-je en regardant le silence autour de moi.

Oui, en regardant le silence parce que, tout d'un coup, la nature était devenue immobile, muette, lourde. C'était l'instant où la montagne gonfle ses poumons, bande ses muscles et retient sa respiration avant d'éclater de rage et de lâcher sur les cimes et les crêtes le vent du Nord, le vent Haut, le vent sauvage qui porte la tempête et la pluie dans des rafales glacées.

J'ai crié : « Vite ! » pour qu'il m'aide à ramasser ce qui restait du pique-nique, le plaid, les verres, les assiettes. *Blake et Mortimer* dont je venais de faire la connaissance. D'énormes gouttes tombaient comme des sauterelles, il fit soudain presque nuit ! Éclairs, tonnerre, grondements ! Une machinerie pour Macbeth et ses sorcières !

Je criai :

– Tu n'as pas peur ?

Il criait :

– Non ! J'aime beaucoup !

Nous nous mîmes à courir vers la maison, déséquilibrés par de brusques bourrasques qui nous brûlaient le visage et échevelaient la cime des arbres. Dans le tumulte j'ai cru qu'Olivier pleurait.

Il riait.

Nous arrivâmes au Mazel plus mouillés que si nous avions plongé dans un gouffre sans fond.

Refuge. Rempart. Forteresse.

Nos vêtements trempés fumaient, nos pieds baignaient dans une mare. Un éclair blanc traversa la pièce, aussitôt suivi de la foudre tombant sur la maison. Les plombs sautèrent.

Noir total.

– Tu n'as pas peur ?

Cette fois c'était Olivier qui me le demandait.

Je n'avais pas peur.

J'étais avec lui.

La fureur du ciel dura jusqu'à l'aube.

« JE SUIS ! » hurlait la montagne.

Nous, on était à l'abri, au chaud, au sec. On avait des bougies. On avait pris la douche, mangé la soupe devant le feu, on s'était assis dans un grand fauteuil sous une couverture tricotée par Maman Abraham ; la laine sentait encore la bergerie. Parfois, le vent tentait d'arracher un volet... tu rigoles, le vent ! François-Xavier est passé par là !

Je racontai à Olivier ma première visite à New York quand j'avais cru entendre hurler l'Aigoual en prenant l'ascenseur pour monter au conseil d'administration de la Didi. Je lui racontai le vent venu du pôle, le vent chargé de flocons, la bise acérée sur la *Fifth Avenue*. Je lui racontai le blizzard de l'Alaska qui s'engouffre – sauvage – dans les vallées étroites de la ville quand toutes les faces des montagnes de verre et d'acier deviennent des faces Nord.

– Tu m'inviteras à New York quand il fera le froid polaire, tante Esther ?

Il m'appelait généralement par mon prénom, mais j'aimais l'entendre dire *tante Esther* car il me semblait alors que les liens qui nous unissaient étaient des liens de sang et que, par ce sang, je survivrais à travers lui et sa descendance.

Olivier, pour moi, c'était une assurance d'éternité.

Après ?

Après il y eut des années de rêve.

Olivier grandissait conformément à la formule des contes de fées : en sagesse et en beauté.

Le bonheur.

Et ce bonheur, au lieu de m'aveugler, de m'isoler, ouvrait mon cœur aux autres.

Je pensais aux enfants qui n'avaient pas la chance d'avoir une famille. Aux petits que personne n'aimait.

Olivier avait dix ans quand je fis vendre aux enchères la collection de bijoux des Didi pour fonder un orphelinat dans la *marine* du Massachusetts.

La vente fut qualifiée d'historique. Mes beautés, habillées par Cecil, présentèrent les bijoux à la faune la plus friquée du globe ; Oriana, arrivée le matin même de Rome, défila avec la tiare de diamants jaunes. À chaque adjudication, je me sentais plus légère. Le soir, les orphelins étaient cousus d'or et il ne restait plus aucun bijou.

Je n'avais gardé que l'étoile.

J'étais – je suis toujours – TRÈS riche. Encore plus riche que ne l'avait été Daniel Didisheim. Aujourd'hui, les résultats de la Didi dépassent de très loin ce qu'ils étaient au moment où j'héritai de la compagnie. Mais ce n'est rien à côté des bénéfices de la Mazel.

Nous décidâmes une introduction en Bourse.

Nouvelle étape. Logique. Bonjour Wall Street.

Ça m'ennuyait de ne pas avoir la signature de

Jonathan, toujours sous tutelle. J'allai le voir, espérant le trouver mieux. Qui sait ?... le ramener parmi nous... Il était ma seule famille américaine ; le *hick* et la *retard* avaient cessé de me faire bondir.

Je le trouvai dans le parc de l'élégante maison pour milliardaires dérangés où il demeurait.

Il jouait à la poupée sous un magnolia.

– C'est la seule chose qui l'amuse, me dit sa nurse, à genoux devant une dînette.

En me voyant, il dit : « *Doll ?* », tendit la main puis, ne voyant pas de poupée, il se mit à pleurer. J'étais navrée.

– Surtout ne lui amenez pas une Barbie, me dit la nurse. C'est un bébé qu'il veut !

Elle ne pouvait pas savoir à quel point je le comprenais.

Jonathan vécut encore quatre ans.

Quatre ans pendant lesquels je revins le voir aussi souvent que je le pus. Je lui apportais de jolis baigneurs joufflus, des petites filles bouclées en robe d'organdi, des ménagères joujoux, des épiceries miniatures... Il ne me reconnut jamais mais il était toujours content de me voir.

Il s'endormit un soir au milieu de ses poupées et ne se réveilla pas.

Il repose maintenant dans le cimetière proche de *L'Oiseau Bleu*.

Je ne lui en veux plus.

Je regrette seulement qu'on ne se soit pas connus.

Mon implacable frère avait observé d'un œil sévère mon comportement avec son fils.

Au début il avait eu peur que je ne le pourrisse. Il fut vite rassuré.

Moi aussi j'étais implacable.

J'aimais trop Olivier pour en faire un petit con. Jamais je ne laisserais l'argent le détruire comme il avait détruit Jonathan. Jamais je ne le laisserais devenir bêtement un gosse de riches...

Je n'eus aucun mérite.

Olivier était comme son père, comme sa mère. Comme moi.

Il aimait travailler.

À treize ans il passait des journées entières avec Paul, au labo, au-delà de l'Hudson River.

Il disait : « Ça, c'est des vacances ! »

On était loin de Gstaad, de la *jet* et de la *café-society*. On vivait en « état de veille scientifique », comme le disait Paul.

On restait entre nous : les membres fondateurs, quelques chercheurs, des intellectuels noirs... et même des blancs !

On avait un but.

Olivier.

Le coup de fil, le coup de fil de Jean annonçant l'accident...

Ce cauchemar je l'ai mis en boucle dans ma mémoire. Pendant des mois, toutes les nuits, j'ai vécu, revécu la scène...

Un brunch joyeux au *Penthouse*. Le téléphone sonne. Personne ne se dérange.

On riait tous de quelque chose... impossible de me souvenir de quelle chose. On riait...

La femme de chambre a décroché dans la bibliothèque. « On demande Monsieur Goldstein », est-elle venue dire.

Aaron est allé répondre. Nous, on a continué à rire. Et, tout d'un coup, on s'est aperçu qu'Aaron ne revenait pas. Blue s'est levé : « Je vais voir ce qui se passe ! », et lui non plus n'est pas revenu. Alors j'y suis allée à mon tour...

Je les ai trouvés, immobiles, muets. Aaron cachait sa tête entre ses mains. Blue appuyait son front contre la vitre comme s'il voulait la traverser, se jeter sur New York.

Tous deux pleuraient.

Ils m'ont dit...

Ce fut le dernier brunch.

Ça s'était passé après leur retour de Californie.

Gwen l'avait accompagné à Montpellier pour une dernière formalité d'inscription à la fac.

C'est en rentrant...

Les freins d'un poids lourd qui roulait en sens inverse sur l'autoroute ont lâché, il a franchi la barrière médiane et fauché la voiture de plein fouet.

Net, sur le coup, pas de survivants, pas souffert.

C'est fou le nombre de gens qui meurent *sans souffrir*, *sans se voir partir*, le nombre de gens qui *s'endorment paisiblement*, qui *trouvent enfin la paix* !

Pour ceux qui restent, c'est autre chose. Certains sombrent dans la folie, l'alcoolisme, la drogue... J'aurais pu prendre un amant, deux, dix, cinquante... j'ai préféré ouvrir des bals, lancer des tombolas... J'ai déjeuné avec Nancy qui allait entrer à la Maison-Blanche, j'ai même rencontré la reine d'Angleterre...

On voyait ma photo partout, ce n'était plus avec mes parfums mais avec des princes saoudiens, des milliardaires tarés ou des rois en exil.

D'une façon ou d'une autre il faut bien faire son deuil. Moi, je suis tombée dans la *jet* comme une mouche dans le miel...

– Pasteur rime avec facteur !

Jérôme débarque, une lettre à la main.

Étrange, c'est la première lettre que je reçois depuis que je suis là... Il est vrai que j'ai demandé à Aaron de ne pas me faire suivre mon courrier.

Madame Esther Mazel
Aux bons soins de M. le Pasteur d'Espériès
Espériès Lozère.

Même pas de code, et pourtant c'est arrivé ! J'ai ouvert l'enveloppe et j'ai lu à voix haute :

Ma grande,

Autrefois, en Bretagne, quand on n'était pas sûr de l'adresse de quelqu'un, on écrivait au curé. Comme tu es chez les hérétiques, j'écris au pasteur, ça devrait marcher.
J'ai su par Cecil et Blue que tu étais de nouveau dans la peine. C'est trop, mon Esther, j'ai mal pour toi.
Viens quand tu veux dans ma petite maison face à l'océan. Les huîtres claquent du bec, les bigorneaux s'impatientent, les langoustines t'attendent en trépignant...
Je dis des bêtises, pardon ! c'est parce que je t'aime et que je suis toujours ta

MIMI.

P.S. Viens vite !

– Vous suscitez des sentiments profonds, a dit le pasteur en souriant avant de s'inquiéter : Ça va ?

– Bien sûr que ça va, ai-je répondu trop vite.

– Vous êtes toute pâle...

– Mimi fut un des membres fondateurs de la Mazel, elle nous a quittés il y a six ans pour prendre sa retraite... alors...

– Forcément !

Il n'est jamais dupe de rien, Jérôme, il est trop simple pour ça.

Je lui ai proposé de prendre un verre. Il n'avait pas le temps. Je l'ai raccompagné jusqu'à sa 2 CV. Il l'avait arrêtée près des tombes. Il m'a tendu la main pour prendre congé, j'ai retenu la main et je l'ai mené sous l'arbre noir.

Abraham Mazel – Rachel Mazel – Clémence Boisset
Gwen Mazel – Olivier Mazel – Jean Mazel.

– À part ça, tout va bien ! ai-je dit, furieuse.

D'autant plus furieuse que je le savais capable de prier sur mes tombes, moi qui n'étais capable que de révolte et de cris de rage. Je le dis avec d'autant plus de violence qu'il ne m'écoutait pas ; il suivait des yeux les gestes brusques qui scandaient ma colère.

– Votre main !...

– Quoi, ma main ?

– La marque !

La marque de la vipère était là, signature blême du serpent sur ma peau plus sombre. Anniversaire de mon baptême païen par les forces de la nature, la trace des crochets était redevenue lisible. Je demandai à Jérôme de m'emmener chez lui pour montrer le phénomène à Luc. Mais Luc était absent, parti pour la journée avec son école visiter Nîmes, les monuments, la Fontaine, les jardins... dommage, demain on ne lirait plus rien sur ma main.

– Vous êtes sûre que ça va ? redemanda Jérôme avant de me quitter.

Je fis signe que oui, regardai la 2 CV démarrer sur l'herbe rase, rouler doucement, disparaître. Puis je me penchai sur la tombe d'Olivier pour caresser le granit de ma main signée par la vipère. Et je m'assis à même le sol, comme nous nous étions si souvent assis, face au Pacifique, cet été-là, le dernier, sur un coin désert de la plage de Malibu, regardant la danse joyeuse des dauphins... parfois une petite baleine se rapprochait de la côte, vision miraculeuse qui nous laissait muets.

Quel magnifique été !

Il avait à peine seize ans. Il venait d'avoir son bac. Mention très bien, lui !

Les trois Mazel nous avaient rejoints en Californie où, sans le dire à personne, je venais d'acheter une immense propriété pour fêter le succès du neveu. Des champs couverts de fruitiers et d'oliviers s'étendaient au pied d'un sommet sauvage dont les pentes abruptes ressemblaient au versant méditerranéen des Cévennes. Plus tard, pour lui, j'y ferais construire une maison de rêve.

Seven.

Ils avaient poussé des cris en découvrant le paysage.

*Here, close to the city, you'll find natural surroundings and the easy manner of life in the country**, m'avait dit l'agence.

Je riais de voir Olivier parcourir le domaine sans se douter qu'il serait à lui un jour.

– On se croirait au-dessus de Saint-Hippolyte-du-Fort ! s'exclama Jean.

– Oui, mais la terre n'est pas la même, avait dit Olivier, une poignée fauve et poudreuse au creux de la main. Ici c'est de la terre du Nouveau Monde.

* Ici, tout près de la ville, vous trouverez un environnement naturel et l'agréable vie à la campagne.

Il n'était pas loin de neuf heures du soir quand Luc est arrivé comme un bolide, hors d'haleine, sur son vélo.

J'ai demandé : « C'était beau, Nîmes ? », mais la trace laissée par la vipère l'intéressait visiblement plus que celles que les Romains avaient laissées dans le sol de la Colonia Augusta.

– Waaahh ! fit-il en regardant le triangle pâle sur ma main.

Il posa dessus un doigt timide et fit un bond en arrière comme s'il avait été mordu à son tour. Je le sentais à la fois horrifié et charmé par la découverte du surnaturel.

Je lui proposai de dîner avec moi, mais sa maman ne lui avait permis de venir me voir qu'à la condition de rentrer tout de suite.

– Tu vas bien ? me demanda-t-il avec sollicitude.

Je l'assurai que j'allais très bien. Je caressai ses cheveux. Il me regardait d'un air bizarre, comme s'il allait me révéler un secret.

– Et toi, Luc, tu vas bien ?

– Ouais, ouais...

– Tu as quelque chose à me dire ?

– Non ! Non ! dit-il précipitamment.

Puis il m'embrassa, fit une grattouille à Berger qui suivait attentivement notre conversation, et reprit son vélo. Je le poussai avec lui jusqu'au haut de la côte, jusqu'au plat où il put enfourcher sa monture et s'en aller en pédalant. Le chien et moi on l'a regardé disparaître au loin, puis on est rentrés.

Je n'ai pas dîné.

Je n'ai pas dormi.

Dans la nuit, j'ai décidé que je n'irais pas chez Mimi.

Pardon, Mimi, mais je ne veux pas m'écrouler.

Je ne veux pas parler, risquer de me laisser aller, de glisser dans les confidences... je ne veux pas pleurer sur une épaule, même pas sur la tienne, surtout pas sur la tienne, ma Mimi. Pardon.

... il me semble qu'on a frappé, qu'il y a quelqu'un à la porte...

C'était le maire. Monsieur Volpellière. Un gros homme timide qui rougit comme une demoiselle. Il était accompagné du nouveau directeur de l'usine de Valleraugue, plus jeune, moins gros, aussi timide.

Maurice Boisson.

– Boisson, Boisson, on avait une cousine Boisson à Valleraugue pendant la guerre. La cousine Élise.

– Ma mère, dit-il, et lui aussi rougit.

J'ai sorti la cartagène comme Abraham l'aurait fait, j'ai parlé de la pâte de coings, des châtaignes...

– On vous en a apporté, a dit Maurice, et des cèpes séchés.

Riche comme la mer, je continue à vivre de la charité publique.

– Nous aurions voulu vous téléphoner, c'eût été plus correct, dit le maire, mais vous êtes sur la liste rouge ce qui se comprend fort bien dans votre position qui... que... toutefois, étant donné les circonstances, nous avons pensé que nous pouvions avoir l'audace de venir troubler votre retraite...

Il s'emmêle, mal à l'aise, intimidé comme le cousin qui rougit à nouveau. J'ai senti qu'ils avaient quelque chose à me demander et j'ai pensé que ce devait être quelque chose d'énorme pour qu'ils aient tant de mal à me l'avouer.

– Allez, dites-moi tout !

C'était touchant. Un message des ouvrières de l'usine de Valleraugue. Elles voulaient me voir. Elles m'avaient préparé une fête. Une belle fête ! Mon jour serait le leur.

– Votre photo est partout dans l'usine ! Le maire était lancé maintenant : Elles savent tout de vous, de votre vie ! Elles ont lu tout ce qu'on a écrit sur vous ! sur votre mari ! Parce que lui aussi, il a sa photo sur les murs ! Et, vous savez, elles rêvent de faire sa connaissance ! Un couple si extraordinaire ! Sans doute attendez-vous Monsieur Fontaine, c'est pour ça que je me suis permis, j'ai dit à Maurice... parce que, les petites, je peux bien vous le dire, elles vous appellent le couple idéal !

C'est le cousin qui s'est aperçu le premier que je pleurais. Il a fait un signe au maire et ils se sont levés tous les deux, désolés. J'ai expliqué que je n'arrivais pas à me remettre de tous mes deuils. Ma belle-sœur, mon neveu. Et maintenant mon frère. Ils ont hoché la tête, j'avais besoin qu'ils s'en aillent, je n'osais pas le leur dire et eux n'osaient pas partir. C'était horrible.

Enfin ils ont pris congé, laissant leurs cadeaux sur la table.

J'ai compté jusqu'à cent.

Le temps qu'ils soient loin.

Puis je me suis effondrée.

Si j'avais été capable de me réfugier dans le travail, je n'aurais pas perdu Paul.

Mais j'étais vide d'idées comme d'énergie. Je fuyais en avant, croyant échapper à la douleur en voyant des visages nouveaux, mais la douleur me suivait partout.

Bal des Félins, à Londres, ridicule ! Escale à Paris, avant une fête qui promet d'être grotesque à

Marraketch, avec les mêmes paumés pleins de fric. Monsieur Gérard m'accueille au Ritz, il est désolé. La suite 134 n'est pas libre ! Il m'annonce ça avec ménagement sans se douter que je suis soulagée de ne pas retrouver mes souvenirs heureux avec Gwen. Il m'appelle toujours Madam Fontaine comme au bon vieux temps. Il sourit devant moi, debout dans l'entrée, et me demande :

– Vous ne sentez rien, Madam Fontaine ?

De la grille de cuivre recouvrant la bouche de chaleur sur laquelle je suis arrêtée montent des effluves...

– *Nobiltà* ! C'est un magnifique parfum ! Nous l'avons adopté ! dit-il, heureux de me faire plaisir.

C'est vrai que c'est un magnifique parfum, c'est vrai que Jules Bourquin est un grand compositeur. Je respire profondément et je sens le courage qui revient. Moi aussi je suis capable de créer, adieu les fêtards et les altesses de cotillon, Marrakech se passera de moi, Madam Fontaine rentre à la maison !

J'ai vraiment cru que j'allais m'y remettre, que la vie allait reprendre, que le travail allait me guérir. Mais la bonne volonté, le fait de franchir l'Hudson River, de quitter mes chaussures et de revêtir la blouse blanche, rien de cela n'était suffisant pour réveiller mon inspiration. Paul était heureux de me voir revenir. Vers lui. Vers le métier. Je le voyais peu. Il était tendre. Gentil. Mais très pris. Je n'avais jamais remarqué à quel point la Didi et la Mazel l'accaparaient. Tout le monde s'agitait autour de moi, notait, pesait, évaluait, discutait, trouvait... moi je restais des heures à tuer le temps, inerte, perdue, imagination bloquée... nez éteint.

Si seulement j'avais pu me laisser aller dans les

bras de Paul. Mais hélas ! cette grâce, elle aussi, m'était refusée.

Les morts m'avaient glacée.

Et puis il y a eu ce jour terrible de *la vaporisation* du nouveau parfum de Jules.

On ne lui avait pas encore trouvé un nom.

Il n'était que le numéro JB 1509-27-10.

« Une merveille ! m'avait dit Paul. Tu vas adorer ! »

Dans le labo ils étaient tous excités autour de Jules. Lui, calme comme à son habitude, la clope au bec. Et cette clope, brusquement, je ne l'ai pas supportée. J'ai dit :

– Jette ton mégot !

Il m'a regardée, surpris. Jamais je n'avais parlé à personne sur ce ton. Le silence s'était fait. On n'entendait que le ronronnement des frigos et un robinet qui gouttait.

J'ai répété, encore plus fort :

– Jette ton mégot !

Il me regardait toujours. Il était calme. Il a sorti de sa blouse une grosse boîte d'allumettes, en a frotté une et a tranquillement rallumé son moignon de cigarette sans me quitter des yeux.

J'ai dit :

– Tu fais ce que tu veux ailleurs ! Chez moi, tu fais ce que je te dis ! Ou tu prends la porte !

Il est resté immobile, le mégot collé à la bouche. Il n'y avait pas de colère dans ses yeux mais une immense compassion qui m'a mise hors de moi. J'ai crié :

– Parce que, jusqu'à nouvel ordre, ici, c'est moi qui commande !

C'est là que j'ai rencontré le regard de Paul. Il était très pâle et cette pâleur m'a épouvantée. Je me suis précipitée dans la pièce où on venait de vaporiser le JB 1509-27-10...

C'était vraiment une merveille.

J'ai traversé la merveille dans tous les sens. C'était beau, rond, royal... je suis sortie, honteuse et parfumée, pour demander humblement pardon à Jules. Il avait jeté son mégot. On s'est embrassés. Je lui ai dit à l'oreille que j'étais pire que la Capignard, il a ri ; je me suis tournée vers Paul.

Il avait disparu.

Je ne l'ai pas revu depuis. Le soir j'ai trouvé un mot bref sur mon oreiller. Je le sais par cœur.

Je m'absente je ne sais pour combien de temps. Ne m'attends pas.

PAUL.

Personne ne savait où il était.

Aaron m'a seulement dit qu'il était parti avec une organisation humanitaire. Laquelle ? Aucune idée. Où ? Aux Indes, peut-être. Paul lui avait confié les rênes de la Didi et de la Mazel pendant son absence sans préciser ce que durerait cette absence. Tout s'était passé au téléphone.

« Ne m'attends pas. »

Facile à dire ! Je ne faisais que l'attendre ! Je ne vivais que par cette attente ! Le voir revenir, entendre au moins sa voix au téléphone, l'entendre me dire qu'il m'aimait encore...

Rien.

Et puis, un matin, dix-sept jours exactement après sa disparition, je lisais un paquet de courrier en prenant mon thé, tout d'un coup, je l'entends, sa voix ! Je me retourne et il était là, devant moi, sur le petit écran ! Décapé de fatigue, barbu, cuit de soleil, un autre Paul mais tout aussi magnifique que celui qui m'avait quittée. Il était assis sous un arbre inconnu et tenait deux enfants sur ses genoux. Un garçon, une fille. Malais ? Indiens ? Fragiles. Il caressait les petites têtes, lissait les cheveux noirs, et il disait :

– Ils sont frère et sœur, on doit les évacuer tous les deux, elle est malade, lui pas, mais on ne peut pas les séparer.

– En aucun cas ! a dit une voix et la caméra est venue sur une jeune femme.

Une jeune femme aux cheveux blonds, coupés court, en *battle-dress* comme Paul, aussi cuite de soleil que lui. Elle n'était pas belle comme sont belles les porte-étendards de la Mazel, elle était belle comme la nature l'avait faite. Sans artifice. Comme si elle n'y prenait pas garde.

Paul a dit en lui souriant :

– Nous sommes bien d'accord !

– Toujours !

Elle a répondu en éclatant de rire, et elle l'a regardé parler et j'ai eu froid parce qu'elle le regardait comme, moi, je l'avais toujours regardé.

Les yeux de l'amour...

Pas un mot sur le lieu où ils étaient, le nom de l'association, rien. Pas prononcé le nom de Paul, ni celui de la jeune femme, rien. Pas même lancé un appel pour récolter de l'argent, rien. Seulement parlé du courage de ceux qui se jetaient au cœur des guerres pour sauver des enfants. Message essentiel. Armes automatiques en bruit de fond. Point final.

Après ça, avec Aaron, on a remué ciel et terre pour essayer de les localiser. La chaîne a été inflexible. Ils n'avaient pu faire le reportage qu'à la condition de se taire. Pas question de perdre leur crédibilité, fût-ce pour renseigner la femme du héros ! Surtout pas la femme du héros, devaient-ils penser, si le mari ne lui avait rien dit, il devait avoir ses raisons.

Les Indes ? La Malaisie ? L'Extrême-Orient ?

J'ai tenté de joindre François-Xavier. Impossible. Il était absent. À son bureau on me dit qu'il était *en retraite*. Dans un monastère ? Non, chez lui, dans son île de la mer de Chine...

J'avais l'adresse alors j'ai fait ma valise et je suis partie.

Le voyage est suffisamment long pour que je prenne conscience de mon indiscrétion. J'ai prévenu mais je n'ai pas eu de réponse. Avion de ligne jusqu'à Manille, là je prends un petit coucou pour l'île. Au bout de la piste sommaire une sorte de case, dernier contact avec ce que l'on appelle la civilisation. Un homme en surplus américain m'y accueille, surpris. Sa peau est jaune foncé, ses cheveux sont longs et noirs. Il parle quelques mots d'anglais et je comprends que Yochino n'a jamais reçu de visite. L'homme est troublé par mon arrivée, mais je viens de si loin qu'il n'ose pas me renvoyer, son fils me conduira à celui qu'il appelle respectueusement *The arkiteckt*. Il n'y a que deux heures de Jeep à travers la montagne.

Je me suis endormie dans la Jeep, j'ai été réveillée en sursaut par un coup de frein brusque. Une bête qui traversait la piste devant nous. Quelle bête ? Juste aperçu une ombre velue qui disparaissait sous les branches. Alors seulement j'ai découvert le paysage. Nous étions déjà haut, la mer brillait au loin, la forêt faisait place à une pelouse grasse et épaisse piquée de fleurs que je n'avais jamais vues, j'avais l'impression de rouler à travers une laque vivante de Coromandel, l'air était très pur...

– *The arkiteckt !* a dit mon chauffeur.

J'étais arrivée chez François-Xavier.

Il était assis sur sa terrasse devant un chevalet et peignait une fleur.

Il ne parut pas étonné de me voir et je fus rassurée, mon message avait dû lui parvenir. Eh bien, non ! Mon message arrivait avec moi, seul courrier que lui portait la Jeep.

Un bol de thé vert dans mes mains pour dissiper ma confusion, je demande le nom de la fleur qu'il peint. Il rit. C'est une fleur qui pousse dans sa tête. Il la peint pour se délivrer d'elle. La fleur l'aide à se retrouver car elle est inutile, sans valeur.

Sans valeur ? Une peinture de Yochino ?

Je ris.

Il m'explique que la fleur doit rester sans valeur, sinon elle ne le guérira pas.

Le guérir de quoi ?

– De l'argent, du succès, du pouvoir, me dit-il et je comprends pourquoi je suis venue le voir.

Le soleil se couche. Nous ne bougeons pas de la terrasse, l'obscurité vient peu à peu et François-Xavier parle doucement dans l'ombre :

– Les fées ont eu la main lourde le jour de ta naissance... Les bonnes comme la mauvaise ! Tous les dons mais aussi la fameuse blessure, pas celle qui fait dormir cent ans, celle qui fait souffrir tout de suite. Ta maman...

Il voit mes larmes et dit timidement :

– Mais on était là ! et surtout Paul !

– Paul m'a quittée.

Il sourit :

– Ne dis pas de bêtises !

Alors je lui ai tout raconté. Depuis ma crise avec Jules, ma honte, le départ de Paul, « Ne m'attends pas », tout, jusqu'à ma découverte de Paul avec une jeune femme blonde, en pleine guerre, au cœur d'une jungle hostile, dangereuse, où ? Dieu seul le sait !

Il a dit :

– On va prendre les choses bien avant, on va prendre les choses par le pire.

Le pire. Il voulait que je le lui raconte.

Le pire c'était la mort de Gwen et d'Olivier, le pire c'était ce que je m'efforçais d'oublier et il me demandait de revivre tout ça ! De mettre un nom sur tout ce que je m'efforçais d'engloutir au fond des ténèbres ! Il disait que le seul moyen de se délivrer de ce qui fait mal était de l'appeler par son nom.

Alors j'ai raconté pour lui les obsèques de la mère et de l'enfant, le voyage au Mazel. J'avais dormi dans l'avion, dormi dans la voiture, ouvert les yeux dans l'air vif... Jean au bord des tombes, hagard. Et moi, soudée à lui par la douleur. Des images insolites. Blue qui pleure sous l'arbre noir, la tête sur l'épaule de Cecil. Ils sont venus au Mazel, quelle chance ! Abraham sera content ! Mais pourquoi pleurent-ils ? François-Xavier arrive, haletant, il vient du bout du monde, je vacille et Paul me reçoit dans ses bras, me porte sur un lit, notre lit, me fait boire quelque chose d'amer... je sombre dans un chaos blanc. Je me suis réveillée dans notre lit... celui du *Penthouse*.

Paul était à mon chevet. Il a souri en me voyant ouvrir les yeux mais j'ai eu le temps de surprendre la peur sur son visage...

– Cette peur, ce chagrin, tu n'as pu les supporter. L'amour même de ton mari, de tes proches, toute cette sollicitude t'empêchaient d'oublier. Tu n'as voulu partager ni avec ton frère, ni avec Paul, ni avec nous. Tu t'es sauvée au milieu d'inconnus, d'indifférents, de cotillons et de conneries, parce que tu ne pleurais pas seulement Gwen et Olivier mais l'enfant que tu n'as pas eu, et ta mère dont tu portes toujours le deuil.

C'est vrai, je n'ai jamais su comment elle était morte, Maman. Gwen ne me l'a jamais dit, et maintenant il est trop tard... deuil éternel.

Il se leva, ramassa sa fleur et me conseilla de rentrer car il faisait soudain frais.

Dans sa grande cabane de paille et de bois je découvris un immense crucifix. Une pièce de musée. Je restai muette devant une telle splendeur.

– Tu n'as rien contre les juifs ? me demanda-t-il en me voyant pétrifiée. Il ajouta : XVIIe portugais, auteur inconnu ; c'est Lui qui garde la maison quand je suis absent.

Il n'y a pas de silence autour de l'ermitage de Yochino. Ou plutôt le silence est fait de soupirs, de gloussements, de témoignages obscurs, d'oiseaux, d'insectes, d'êtres invisibles. De plantes ?

Froissements, glissements, frémissements.

Il doit y avoir des serpents, bien sûr, mais je ne m'en inquiète pas.

Je flotte sur la paix.

Un bol de riz, une écuelle de soupe de Mémé, une natte pour dormir... trois jours après mon arrivée je me sentais déjà mieux. Il haussait les épaules quand je lui parlais de la jeune femme de la télévision. Il n'y croyait pas. Il disait que j'avais rêvé.

– Tu vas guérir, Esther ! Tu es en train de guérir ! Tu as bien fait de venir !

Et puis la Jeep est montée avec le message d'Aaron.

Je suis repartie avec elle, Jean était mort, et, au terme d'un voyage épouvantable, je suis entrée dans le Temple.

Yochino voulait m'accompagner. Je refusai. Il n'insista pas. Il savait que je devais être seule pour retourner vers la réalité.

Sur le seuil il garda ma main dans la sienne et me dit : « Tu as été élevée par des Justes. Ça ne t'a pas rendu la vie facile mais ça t'a appris le courage », puis il m'embrassa et me dit dans l'oreille, en français : « Isoloir revenir à toi ! »

Depuis combien de temps suis-je partie de New York ?

Je ne sais plus...

Dans *l'oustau negre* il y a trois télévisions.

Depuis mon arrivée je n'ai pas tendu une seule fois la main vers elles.

Je les hais.

Je fais comme si je ne les voyais pas quand je passe devant elles.

J'ignore celle qui essaie d'attirer mon attention dans la chambre de Papa et de Maman Abraham où je mets un peu d'ordre. J'ai mieux à faire puisque, dans leur armoire, je retrouve les calques de *Presque Trop* et le flacon.

Une nouvelle fois j'essaie de l'ouvrir. En vain. À quoi bon, d'ailleurs ? Les quelques gouttes qui y restent doivent, elles aussi, avoir oublié ce que fut leur odeur.

Trouvé des lettres de moi, des photos, des coupures de presse. Un album sur Olivier... Nouveau-né, bébé, petit garçon. Comme vous avez bien fait, tous les deux, de partir avant lui !

Je suis retournée chez Jean, le tiroir de sa table de chevet était toujours entrebâillé, j'y ai pris l'enveloppe de papier à lettres d'Air France dans l'intention de répondre à Mimi. Je suis descendue dans la grande salle, je me suis installée devant la cheminée, j'ai enlevé le capuchon de mon stylo, j'ai ouvert l'enveloppe... mais je n'y ai trouvé que quelques feuilles couvertes de la petite écriture fine, serrée, nette, de Gwen.

Après un instant d'hésitation j'ai vu mon nom... alors j'ai lu.

Survol sans histoire des États-Unis. Merveilleuses vacances avec Esther et Paul ! Dauphins, baleines, fleurs géantes, soleil... et puis, eux. Surtout eux ! Jean nous a devancés en France de quelques jours pour donner une conférence à Aix. Olivier dort près de moi. Lui qui est déjà si incroyablement adulte quand il parle de l'avenir avec sa tante redevient un petit garçon quand il dort. Médecin ? Biologiste ? Chimiste ? Il ne sait pas encore bien mais ce qu'il sait c'est qu'il fera de très longues études, et nous sommes tous d'accord. On va d'ailleurs l'inscrire pour une option de plus en génétique dès notre retour.

J'ai dû m'assoupir, l'avion berce.

Olivier dort toujours.

Oui, merveilleuses vacances... si merveilleuses qu'encore une fois, je n'ai pas eu le courage de parler à Esther.

Il faudra quand même que j'arrive à lui dire comment et pourquoi sa mère est morte. Mais ça me fait si mal – et ça risque de lui faire si mal ! – que les mots me restent en travers de la gorge. Pourtant elle a le droit de savoir. De savoir quel courage avait Marion. Ça tient en si peu de mots ! Personne ne se doutait qu'Anicka était juive, mais Anicka a jeûné pour Kippour, quelqu'un a compris et l'a dénoncée. Battue à mort par le SS qui revient parfois dans mes cauchemars, homme pâle et glacé. Il avait pris une bêche, il cognait... ce sang, ces cris... nous étions pétrifiées, en larmes. Mais Marion, elle, n'est pas restée pétrifiée. Elle s'est jetée sur lui, elle lui a crié d'arrêter. « Qu'est-ce que ça peut te faire, tu n'es pas juive, toi ! » a-t-il hurlé en la repoussant. Elle a répondu : « Si, je suis juive ! » Elle était très belle en disant ça malgré son crâne rasé, ses loques rayées, ses pieds bleus de froid. Le SS était tellement saisi qu'il en a oublié Anicka. D'ailleurs elle était morte, Anicka. Alors il a repris sa bêche et l'a levée sur Marion. C'est là que j'ai reçu le coup à mon bras et que j'ai perdu connaissance. Je me suis réveillée sur ma paillasse. Les filles m'y avaient transportée. Et Marion agonisait près de moi...

« Qu'est-ce que tu écris, Maman ? » m'a demandé Olivier qui se réveillait.

J'ai dit que c'était de vieux souvenirs, j'ai ri, j'ai dîné gaiement avec lui, champagne. Je ne veux pas qu'il sache. Jamais. Je ne veux pas lui découvrir cette horreur qui sort, intacte, mauvaise, de ma mémoire. Mais Esther, elle, doit savoir.

Je suis restée hébétée devant la vérité.

« Un jour, plus tard, je te dirai... »

C'était fait.

J'ai refermé l'enveloppe. Je tremblais mais j'étais calme. J'avais envie de mourir. D'en finir. Comme Maman, comme Gwen, comme Jean, comme Olivier.

Paul ne m'aimait plus, à quoi bon rester vivante ?

Je me retrouvai à la Combe des Septante. J'entendais bouger les chèvres invisibles et joyeuses de Violetta. Leur petite musique m'arrivait par bouffées, disparaissait, revenait...

Éloignez-vous de moi sur vos pieds fourchus, je ne veux pas qu'on me voie, j'ai besoin d'être seule.

Depuis la morsure de la pierre jaune et bleue j'avais toujours regardé où je m'asseyais dans la montagne. J'avais toujours évité les serpents. J'avais aimé vivre. Je n'en avais plus envie. Ce jour-là, la Combe me parut aussi dangereuse qu'un champ de mines et je m'en réjouis.

Je m'assis sans regarder si la place était libre sur la pierre où, autrefois, j'avais failli trouver la mort.

J'ouvris les bras et j'appelai les vipères, toutes les vipères ; je les priai de venir vite, les chères petites, pour qu'on en finisse une bonne fois avec Esther.

Des aboiements terribles me firent tressaillir. Jamais je n'avais entendu une telle détresse dans la voix de Berger.

J'ai crié :

– Tais-toi le chien !

Mais il ne s'est pas tu. Il a couru vers moi, aboyant de plus belle, il s'est approché de moi et il m'a montré les dents.

Montré les dents ! Mon chien !

– Berger !

En entendant son nom, il gémit, mais il ne cesse pas d'aboyer. Il ne me montre plus les dents, il pleure, il m'appelle au secours. Je me lève, je vais vers lui, il se dérobe et court devant moi, droit vers la faille. Il se retourne, haletant, il veut que je le suive, il aboie toujours mais le ton a changé, je comprends qu'il veut me montrer quelque chose, quelque chose de grave.

J'entends une faible plainte... une bête a dû se blesser.

Il me faut aller vers le vide, m'approcher de la frontière que je n'ai jamais franchie, il me faut regarder au-dessous de moi... Je m'arrête quand je découvre l'étroit promontoire sur lequel tremble une brebis.

Ricounette, l'enfant trouvée qui se prend pour

une chèvre ! Elle a dû faire la folle une fois de plus, tomber en voulant brouter trop au bord. Encore une chance que le relief l'ait arrêtée !

Elle m'a vue et bêle lamentablement.

Berger aboie.

Je lui demande de se taire et il se tait. Il me regarde, confiant, il sait que j'ai compris.

Comment aller jusqu'à elle ?

Elle semble avoir une patte cassée... luxée ? démise ?

Ah ! Mémé, si tu étais là !

Je regarde le précipice au-dessous de moi et je fais un pas en arrière. Le vertige c'est quelque chose de terrifiant, de paralysant, d'enivrant aussi. Je prends une grande respiration, j'avance au bord d'un surplomb... Pour la première fois j'ose me pencher sur le gouffre. Je devine des grappes de cytises, des flamboiements d'arbres de Judée, un enchevêtrement de feuilles, de branches et de lianes au fond de l'abîme...

– Bééé ! supplie Ricounette.

Ricounette, la brebis de Violetta. Violetta que j'ai vue poser une main pleine d'amour sur le front laineux de la pauvre bête. La pauvre bête qui, brusquement, devient pour moi la créature la plus précieuse qu'il m'ait été donné de rencontrer. La pauvre bête qui DOIT vivre ! J'ai le vertige ? Et alors ? Il y a quelques minutes je convoquais toutes les vipères de la montagne pour qu'elles m'achèvent, si je meurs le nez écrasé dans les fleurs au fond de la Combe, quelle apothéose à mon *travail de parfumeur* !

– Bééééé, répète Ricounette.

Berger gémit, me regarde, penche la tête. Le cœur me tourne.

– *Agripino te a la bartassine !*

Oui, Mémé, je m'*agripino* ! Ne m'abandonne pas, *ma gran* ! J'ai besoin de toi... *agripino te*... j'ai perdu l'équilibre, je me suis rattrapée à une touffe inébranlable de genêts, des pierres roulaient sous mes pieds, disparaissaient dans le vide...

– Bééééé...

J'y étais presque.

Alors j'ai pris mon élan, je me suis envolée et j'ai atterri sur le promontoire.

J'ai posé la main sur la bête chaude et tremblante. J'ai senti qu'elle avait moins peur parce que j'étais là, parce que ma chaleur se mêlait à la sienne. Et j'ai cessé d'avoir peur, moi, parce que Mémé m'a aidée. Je n'ai eu qu'à faire comme elle avec la brebis de Gédéon. Mémé m'avait dit : *« As vist ? rapello te bèn ! »* Je me suis souvenue de la prière. Et j'ai prié le Dieu du Livre pour qu'Il m'inspire. J'ai pris la patte blessée entre mes mains et là, qu'ai-je fait ?

Qu'as-Tu fait ? puisque la brebis est partie, légère, par le chemin d'où je venais.

Elle est partie sans s'occuper de moi. Tranquille. Agile. Le pied sûr. Sauvée.

Les fleurs m'attendaient toujours au fond de l'abîme. Mais j'avais mieux à faire que d'aller les rejoindre. Je venais de comprendre la grâce qui m'était accordée. Il fallait que je le dise, que je le révèle au monde, que je le confie à un être vivant. Je me suis collée à la pente sans regarder au-dessous de moi. De nouveau des pierres roulaient et tombaient dans le vide, sur les fleurs. Plus tard, les fleurs, plus tard ! J'ai vu le chien qui s'inquiétait au-dessus du surplomb.

Il avait raison.

J'ai continué à progresser sans regarder le fond de l'abîme. C'était bien pire qu'à l'aller mais j'avais confiance.

Quoi qu'il arrive.

J'avais confiance malgré ce foutu surplomb.

J'avais pu en descendre mais, au retour, il me semblait infranchissable.

Il l'était.

Il l'aurait été sans la main qui se tendit vers moi, la main que j'ai saisie et qui m'a tirée vers le salut.

Le salut ce fut d'abord mon nez dans l'herbe fraîche, la respiration retrouvée, le cœur qui se calme. Puis je découvris Violetta qui me souriait en tremblant, des larmes brillant dans ses yeux de chèvre. Elles me regardaient, ses polissonnes, tandis que Ricounette broutait joyeusement, ayant tout oublié, et que Berger m'embrassait, éperdu, soulagé, heureux...

Merveilleuses créatures du sixième jour !

C'était l'heure où le soleil commence à se dire : « Il va falloir rentrer », l'heure splendide, l'heure de gloire.

J'aurais voulu savoir parler hébreu pour célébrer cette gloire.

Plus tard j'apprendrai, je te le promets, Abraham.

En cet instant j'ai dit :

– Écoute, Israël, l'Éternel notre Dieu, l'Éternel est Un.

On s'est baignées toutes les deux dans le jacuzzi.

Il fallait se laver de la douleur, de l'épreuve et de la joie.

J'ai eu peur que Violetta n'ose pas se déshabiller devant moi, je lui ai tendu une chemise de nuit qu'Oriana m'avait offerte à Rome, belle à rendre jalouse la reine des fées.

Violetta a admiré les dentelles puis elle a secoué la tête et m'a rendu la chemise, délicatement. Je ne l'ai pas regardée entrer dans le tumulte des eaux, j'ai versé un flacon entier de *Seven*, et l'odeur de l'hymne s'est répandue dans l'ancienne bergerie de *l'oustau negre*.

– Ça sent bon, a dit Violetta.

C'était la première fois qu'elle parlait depuis que son Hollandais lui avait brisé le cœur.

Violetta, j'ai des projets pour elle. Fini la misère, tu vivras au Mazel, tes chèvres et la Ricounette pèteront dans la soie, je veillerai sur toi...

Elle s'est fermée quand je lui ai dit tout ça.

– Je peux pas quitter mes chèvres...

Quitter tes chèvres ? Jamais, Violetta ! Fais-moi confiance !

Je la sentais butée, presque fâchée, j'avais du chagrin et, là, c'est Didi qui est venu à mon secours. Comme il l'avait dit à ma mère, j'ai dit à Violetta : « J'ai besoin de toi. »

Après, elle a été d'accord sur tout. Enfin : presque tout, parce que, quand je lui ai dit : « Il te faut un chien », elle a précisé : « Une chienne. » C'est que, Violetta, depuis le Hollandais, elle a une certaine méfiance devant les mâles.

L'étoile de David est là, au creux de ma main. Depuis le jour des bijoux à la *Résidence*, elle ne m'a pas quittée.

Simplement, je ne l'ai jamais portée.

Ce soir j'attache sa chaîne autour de mon cou. Je pense à Maman.

À Marianne.

Je me sens épuisée comme une accouchée...

C'est moi que je viens de mettre au monde.

J'ai décidé de partir.

Je vais rentrer dans mes palais, mes devoirs et mes ors.

Je vais continuer à vivre.

Seule.

« Courage, chère fille d'Abraham », m'avait dit le pasteur dans l'odeur de Jérusalem. Il va m'en falloir pour vivre sans Paul. Parce que je sais que je n'ai pas rêvé, je l'ai bien vu avec cette fille blonde.

Je vais rentrer, travailler, sourire.

Seule.

Il va falloir capturer les parfums, avec ma tête, mon cœur, mes mains. Il va falloir les retenir prisonniers dans des flacons afin de les envoyer à travers le monde...

À propos de flacons, je vais emporter *Presque Trop* avec moi.

Je suis allée dans la chambre d'Abraham, j'ai ouvert l'armoire, le flacon a glissé de l'étagère, il a explosé sur le sol et Maman a été là.

Une seconde ? Une éternité.

Je savais maintenant ce que je devais ajouter à la rose et à la tubéreuse pour retrouver le goût des baisers de Maman.

Le Bois des Émirs...

Le nom arabe de cette moisissure sacrée m'échappait encore mais il me reviendrait.

Je ramassai les morceaux du flacon au creux de ma main. Je les recollerais moi-même avant de partir.

Partir. Prévenir Aaron. Tout de suite.

Au moment où je pose la main sur le téléphone pour l'appeler, la sonnerie me fait bondir en arrière.

Je décroche.

– Esther...

Cette voix. Même sourde, mon amour, je saurais quand même que c'est la tienne.

– Esther..., répète-t-il. Je viens d'apprendre... je suis...

Il ne peut plus parler, moi non plus. La communication est mauvaise. De quelle jungle hostile et sanglante m'appelle-t-il ? Nous échangeons des silences, incapables de profiter de ces secondes données, de ces secondes qui peuvent être brisées à l'instant par une coupure brutale.

– Esther..., dit-il encore.

Un grouillement d'insectes couvre ses mots. Alors je crie :

– Je t'entends mal ! Tu es si loin !

– Non, dit-il, soudain proche. Je te téléphone de la cabine d'Espériès.

Je me suis assise sur le banc devant la maison comme au temps où j'attendais Maman.

Je ne peux pas bouger. Incapable de faire ce que fait toute femme qui se prépare à retrouver celui qu'elle aime. Passer la petite robe, se coiffer, se maquiller, se parfumer. Tenter de plaire.

Moi je suis immobile sur le banc de pierre, le chien à mes pieds, je guette l'horizon et le chien guette mon visage, inquiet de deviner tant de mystères derrière mon silence.

J'ai peur.

Paul revient vers moi parce que Jean est mort. Ça ne veut pas dire qu'il m'aime encore. Attente interminable. Il devrait être là depuis longtemps... Le cœur me fait mal. Je pense à cette fille blonde, à ce regard échangé. À ce qu'ils ont partagé au milieu des morts et des blessés. Je ne fais pas le poids avec mon encens, ma myrrhe et mes dollars. C'est un don fatal que le pouvoir, il m'a eue, le pouvoir.

Berger a aboyé.

Berger a su avant moi, avant que Paul n'apparaisse au bout du chemin invisible qui mène au Mazel. J'ai dit : « Ami ! », et le chien s'est tu. Je me suis levée lentement. Je regardais cette merveille, cet homme qui marchait vers moi, sans se hâter, grave. Sur son visage je lisais une douleur semblable à la mienne. Plus il approchait, plus je l'aimais. Quand il fut tout près j'allai vers lui. Sans me hâter. Il ne pressa pas le pas non plus, s'arrêta au bord de mon corps et dit : « Jean », avant de me serrer dans ses bras.

Ce n'était pas l'étreinte de deux amants qui se retrouvent, c'était le baiser de deux frères d'armes qui pleurent un compagnon tombé.

– Comment as-tu su ? demandai-je, le front sur son épaule.

– François-Xavier. Tout de suite j'ai appelé Aaron, il m'a dit que tu étais toujours ici et que...

Il ne finit pas sa phrase, il rit et ce rire insolite, douloureux, me fait lever la tête.

– Ton chien ! m'explique Paul en le désignant.

C'est vrai qu'il est drôle, Berger. Il nous regarde, la tête penchée, avec un air romantique et perplexe. Il ne m'a jamais vue dans les bras d'un homme, il doit se poser des questions.

Mais ce rire nous a séparés et nous ne savons plus comment renouer le fil.

– Tu as faim ? soif ?

La banalité est utile parfois. Il n'a ni faim ni soif, mais nous entrons dans la maison et Paul va s'asseoir à la grande table devant la cheminée, comme autrefois.

De nouveau le silence.

– Crise cardiaque ?

Je fais signe que oui. Je lutte contre une marée de larmes.

– Je me suis arrêté sur les tombes en venant, poursuit Paul. C'est pour ça que j'ai mis du temps... mais j'avais besoin de me recueillir et de...

Dans le silence on entend le battement régulier de l'horloge.

L'odeur de la bergerie, l'odeur qui résiste au Temps et à nos artifices, monte du passé et ramène les souvenirs.

L'oustau negre, souveraine, s'est refermée sur nous... *Je vais te les remplumer !... Monsieur Mazel, j'ai l'honneur de vous demander la main de votre fille !... Reste avec lui autant que possible, vous en avez besoin tous les deux.*

Paul a dit :

– J'ai faim.

Je me suis levée pour aller à la cuisine. Au passage il a saisi ma main.

Je tremblais. Lui aussi.

Alors il a vu l'étoile sur mon cœur et il a souri.

Je me suis assise à nouveau et je lui ai tout raconté. La révélation de Gwen, Anicka, le jeûne, la mort de ma mère, la brebis, le vertige.

Tout.

La Lumière.

Il n'a pas eu l'air étonné, il a dit :

– Tu as toujours cru en Dieu, Esther. Seulement tu ne le savais pas. Et tu ne savais pas non plus que c'est Lui qui fixe les rendez-vous... ou peut-être que tu le savais mais que tu ne voulais pas l'accepter ! Conflit de pouvoir ! Apparemment Il a été le plus fort ! Tout est accompli et Abraham a rempli la mission dont l'avait chargé ta mère !

Je lui ai demandé où il en était, lui, avec Lui. Il a souri et a dit :

– Isoloir.

De nouveau la voix de l'horloge dans le silence.

– Il faut que je te dise...

Je ne l'ai jamais vu aussi mal à l'aise. Je sais ce qu'il va me dire. Je suis prête à l'entendre. Je ferme les yeux.

– Je t'aime, Esther...

J'ai rouvert les yeux.

J'avais l'impression d'avoir manqué un épisode, sauté un chapitre. Je le regardais avec stupeur et, plus je le regardais, plus je le sentais mal à l'aise.

J'ai voulu l'aider, j'ai dit :

– La jeune femme...

– Quelle jeune femme ? a-t-il demandé.

– La jeune femme avec qui tu es parti !

Brusquement je n'avais plus aucune envie de l'aider.

– La jeune femme avec qui tu es parti, dis-je un ton plus haut. Je vous ai vus tous les deux dans une émission avec des petits enfants qu'il fallait évacuer.

Il a éclaté de rire.

– La sœur ! Tu as cru que j'étais parti avec elle ? Avec la sœur Marguerite ! Ça va la faire marrer ! Il se rembrunit soudain : Je ne suis pas parti avec elle ! Je l'ai trouvée là-bas ! Qu'est-ce que tu es allée imaginer !

Mais il m'engueule !

– Je l'ai vue te regarder.

– Me regarder ?

– Avec amour.

– Oui, dit-il au bout d'un silence. Marguerite regarde les gens avec amour. C'est sa façon d'être.

Je me sentais ridicule.

Je me sentais bien.

– Je suis parti tout seul, Esther, je suis parti en plein désarroi parce que je ne savais pas comment te ramener à la vie. Comment te ramener à toi ! En perdant Olivier, moi aussi j'ai perdu mon enfant... Olivier, j'avais envie de devenir vieux pour le voir devenir un homme, je sais tout ce que tu as éprouvé, j'y ai pensé et repensé dans l'enfer quotidien et joyeux de sœur Marguerite. Si tu savais à quel point elle m'a secoué ! Tous les jours elle me reprochait d'être là, de t'avoir quittée sans te parler, de t'avoir laissé ce mot idiot...

On s'est regardés, comme on se regarde au début d'une histoire.

– J'ai cru que tu ne m'aimais plus...

Nous avions parlé ensemble.

Nous avons ri ensemble.

Paul a dit :

– Je comprends maintenant la phrase de Yochino quand il a mis la main sur moi. Il ne savait pas si tu serais contente qu'il me dise d'aller te retrouver, mais ça lui était égal parce qu'il préférait : « Être fâché avec des gens heureux plutôt que de rester ami avec des cons ! »

Le pain, le vin, l'eau de la source.

La vie.

Je me suis réveillée au cœur d'une nuit profonde. Paul dormait contre moi. Merveilleuse mémoire des corps qui savent abolir et effacer le temps de la séparation en s'épousant, chair à chair.

Je le regarde si fort qu'il s'éveille sous l'ardeur de ce regard. Il me sourit.

– Alors tu as cru que je t'avais trompée avec Marguerite ? Une sœur !

– Tu m'as toujours dit que tu te méfiais des homosexuels et des religieux !

– Bien sûr ! Et je me méfierai toujours du cher Cecil et de ton évêque si joli ! Mais Marguerite ! Pas elle ! Parle-moi d'autres femmes...

– Parce que avec d'autres femmes tu pourrais me tromper ?

Il a mis un doigt sur ses lèvres, a murmuré : « Isoloir ! » et m'a fait l'amour avec une telle splendeur que j'aurais pu voir là une preuve supplémentaire de l'existence de Dieu.

Mais je n'avais plus besoin de preuves.

Je savais.

Comment François-Xavier l'avait déniché, nous ne le saurons jamais. Il a beaucoup d'amis, François-Xavier...

Il avait pu le joindre, lui annoncer la mort de Jean et lui dire que j'étais partie pour le Mazel. C'était suffisant pour que Paul traverse la moitié de la planète.

Et maintenant on était là. Tous les deux. Dans quelques jours on repartirait. Tous les deux. Quelques affaires à régler, Valleraugue, Violetta, saluer les Béranger. Une fois à New York on reprendrait les vieilles habitudes. Le brunch du dimanche. Avec Aaron, François-Xavier, Cecil et Blue...

– Et Jules ! ai-je dit.

– Jules, bien sûr ! À propos, ça y est ! Il a

trouvé un nom pour le JB 1509-27-10. Un très joli nom.

Il avait baptisé son parfum : *Esther*.

Paul a voulu voir les lieux de mes exploits avec Ricounette. Je n'ai pas pu l'accompagner au bord du précipice, j'étais de nouveau malade de vertige.

Le chien nous avait suivis et regardait Paul comme s'il avait voulu ajouter son témoignage au mien. Moi, c'était Berger que je regardais. J'avais le cœur lourd.

Les nouvelles se répandent vite sur la montagne. Luc est venu nous rendre visite.

Un peu troublé par la présence de Paul qu'il a tout de suite attaqué de front :

– C'est vous le mari ?

– C'est moi !

– Vous avez de la chance !

Il était si sérieux que j'ai éclaté de rire.

– Encore plus de chance que tu ne le crois ! a dit Paul, aussi sérieux que Luc, en lui tendant la main.

Shake hand entre hommes. Je n'existe pas. Le petit a continué, toujours s'adressant à Paul, m'ignorant totalement :

– Vous allez repartir avec elle, maintenant ?

– Oui.

– Je comprends, a dit Luc avec beaucoup de courage.

Alors seulement il m'a regardée et il m'a demandé s'il pouvait venir me voir avec ses copains maintenant que je n'étais plus seule.

– Bien sûr, on fera un joli goûter pour tes petits amis...

Là, c'est lui qui a éclaté de rire.

– Mes copains, c'est pas des petits amis ! C'est tes *body-guards* !

– Mes QUOI ?

– Tes *body-guards*, tes gardes du corps ! Les *superman* qui empêchent qu'on vienne t'embêter !

Je regardai Paul, furieuse :

– Une idée d'Aaron ?

– Heureusement qu'il a eu cette idée ! Tu ne t'es pas demandé pourquoi tu avais si peu de visites ? Pourquoi tu n'as jamais vu un photographe ? Un journaliste ?

– Ils arrêtaient tout le monde, jubile Luc.

– Tu étais complètement folle de vivre ici sans protection ! Tu pèses trop lourd pour ce genre de fantaisie, Esther ! Aaron n'avait aucune envie de recevoir des morceaux de ta personne découpée en tranches contre une rançon !

– Alors tout le monde savait qu'il y avait des gardes ? le maire, l'épicier, le cousin ! Tout le monde sauf moi ! Et toi, Luc, tu le savais et tu ne m'as rien dit !

– J'ai failli te le dire, mais j'avais juré ! C'était la loi ! On devait te sauver des méchants ! Y'a pas eu de méchants mais on t'a sauvée quand même ! Et tes *body-guards*, un jour, dans les bois, ils ont bien cru que tu les avais vus ! Tu leur as fait très peur !

Ma fureur tomba brusquement.

Cher Aaron, comme Abraham autrefois, tu avais levé autour de moi les murs d'une forteresse. De paille, de ronces, de laine, de nuages... et, comme autrefois, les invisibles avaient veillé sur moi.

Cher Aaron, j'allumerai pour toi les bougies de shabbat !

Merci.

– Comment sont-ils mes *body-guards* ? ai-je demandé.

– Grands, a répondu Luc.
– Deux Blancs, deux Noirs ?
– Affirmatif !
Paul et moi on a souri.
– On va faire une très belle fête, ai-je dit. On va la faire, voyons ? mercredi. Parce que demain nous serons à Valleraugue, à l'usine, et jeudi...
– ... c'est le départ ?
Je n'ai pas répondu, j'ai fait oui de la tête, Luc a baissé la sienne en silence. Mais il avait encore une chose à me demander.
– ... le chien ?
– Le chien reste avec toi.
– Ça te fait pas de la peine ?
– Oh ! non, ai-je menti.
– Alors, pourquoi tu pleures ?
J'ai regardé Paul. Il a tendu une main vers Luc, l'autre vers moi et il nous a fait asseoir contre lui sur le banc de pierre devant la maison.
– Quand on pleure, a-t-il dit en nous entourant de ses bras, ça ne veut pas toujours dire qu'on est triste.
– On pleure de joie ? a demandé le petit et, tous les deux, on l'a embrassé en même temps. Nos lèvres se sont rencontrées au bout de son nez. Ça l'a fait rire. Il s'est levé.
– Mercredi, la grande fête ?
– Quatre heures précises, ai-je répondu. Amène tes parents, ton frère, ta sœur, tes copains, le maire, qui tu veux ! Il y aura aussi Violetta et ses coquines.
– Cool ! a-t-il dit comme mes géants le lui avaient appris.
Il est parti en sautillant. Joyeux. Et moi je pensais à Olivier et aux enfants que je n'avais pas eus... En silence. Mais Paul a entendu mon silence car il a dit :
– Il y en a tant qui nous attendent, on va avoir bien du mal à choisir...

Le matin de Valleraugue on s'est levés avant le jour.

Le printemps était là.

La lumière se répandait sur les vallées comme une marée venue du ciel.

Depuis la Combe des Septante nous regardions cette rencontre de la clarté et de la saison.

« Le gai printemps arrive », disait Abraham en saluant l'apparition de la première violette. Elle est là, la première violette ! Elles sont toutes là les petites belles, on dirait qu'elles ont jailli de la nuit. On ose à peine s'asseoir dans l'herbe neuve de peur d'écraser une fleur. On fait l'appel ! L'anémone Sylvie, la tulipe de Celsius, l'adonis du printemps, l'ancolie des montagnes... présentes ! Encore timide, paupières closes, la bruyère se prépare à fleurir.

Une odeur de miel portée par le vent s'enroule autour de nous. Genêt ? Aubépine ? Chèvrefeuille ? Douceur envoûtante.

Souveraine.

– Presque trop, a dit Paul.

– *Presque Trop*, ai-je répété. Le parfum qu'on n'a jamais su faire...

Je lui ai raconté le flacon qui s'était brisé pour livrer son secret dans un dernier soupir. Le spectre de la rose enlacé à celui de la tubéreuse, mais autre chose encore, une note plus puissante, boisée, charpentée. Une goutte tombée des *Mille et Une Nuits* dans le jardin du curé.

– Il faudrait de ce bois semi-fossilisé qu'on ne trouve qu'aux Indes, ou plutôt qu'on ne trouve plus, hélas ! Tu sais, ce bois hors de prix dont les Arabes sont fous. *Le Bois des Émirs*, le vrai nom, je l'ai oublié...

– Le o'od*, a dit Paul.

– Le o'od ! c'est ça !

Il a souri, m'a demandé de fermer les yeux et a déposé quelque chose au creux de ma main.

– Petit cadeau de Marguerite ! Elle est tombée sur une mine, elle en a plein les poches ! On fait parfois des trouvailles au fond de l'enfer !

Je ne peux détacher mes yeux du fragment minuscule où se cache – odeur encore muette – la clef de l'insaisissable.

* O'od : prononcer [oude], bois infecté de moisissures de l'*aquilaria agallocha*.

Le deuil est fini.

La montagne est témoin, attentive...
Je dis :
– Boisé ambré.
Paul dit :
– Boisé sombre.
– Ambré quand même...
– Mais sombre !
– Profond !
– Profond ! Oui !
– Tu imagines ça avec le bouquet du cœur ?
– Oui, mon cœur !
– Rose et tubéreuse...
– *Bois des Émirs*...
– D'accord ?
– D'accord !
– Et puis... et puis...
– Et puis ?... *travail de parfumeur.*

4 שְׁמַ֖ע יִשְׂרָאֵ֑ל יְהוָ֥ה אֱלֹהֵ֖ינוּ יְהוָ֥ה ׀ אֶחָֽד׃

Shema Israël Adonaï Elohenou Adonaï Ehad
(Deut., VI, 4)

Table

Cet ouvrage a été composé par
Graphic Hainaut (59163 Condé-sur-l'Escaut)

Imprimé en France sur Presse Offset par

BRODARD & TAUPIN

GROUPE CPI

12687 – La Flèche (Sarthe), le 02-05-2002
Dépôt légal : mai 2002

POCKET – 12, avenue d'Italie - 75627 Paris cedex 13
Tél. : 01.44.16.05.00